Sigrid Engelbrecht
Tanz mit dem Säbelzahntiger

Sigrid Engelbrecht

Tanz mit dem Säbelzahntiger

Srressbewältigung für alle Stresstypen

orell füssli Verlag AG

© 2009 Orell Füssli Verlag AG, Zürich
www.ofv.ch
Alle Rechte vorbehalten

Dieses Werk ist urheberrechtlich geschützt. Dadurch begründete Rechte, insbesondere der Übersetzung, des Nachdrucks, des Vortrags, der Entnahme von Abbildungen und Tabellen, der Funksendung, der Mikroverfilmung oder der Vervielfältigung auf andern Wegen und der Speicherung in Datenverarbeitungsanlagen, bleiben, auch bei nur auszugsweiser Verwertung, vorbehalten. Vervielfältigungen des Werkes oder von Teilen des Werkes sind auch im Einzelfall nur in den Grenzen der gesetzlichen Bestimmungen des Urheberrechtsgesetzes in der jeweils geltenden Fassung zulässig. Sie sind grundsätzlich vergütungspflichtig.

Lektorat: Regula Walser, Zürich
Umschlagabbildung: © iStockphoto (Eric Isselée)
Umschlaggestaltung: Andreas Zollinger, Zürich
Umschlag Autorenporträt: Atelier am Hofgarten, Bayreuth
Druck: fgb • freiburger graphische betriebe, Freiburg

ISBN 978-3-280-05323-2

Bibliografische Information der Deutschen Bibliothek:
Die Deutsche Bibliothek verzeichnet diese Publikation in der Deutschen Nationalbibliografie; detaillierte bibliografische Daten sind im Internet über http://dnb.d-nb.de abrufbar.

Mix
Produktgruppe aus vorbildlich
bewirtschafteten Wäldern, kontrollierten
Herkünften und Recyclingholz oder -fasern
www.fsc.org Zert.-Nr. SGS-COC-003993
© 1996 Forest Stewardship Council

FSC

Inhalt

Vorwort 7

Wenn der Tiger zum Sprung ansetzt 11
    Was ist Stress? 11
    Dis-Stress, Eu-Stress und Stressgrenzen 13
    Die Stressreaktion: Wie der Organismus auf Stress reagiert   16
    Stress beginnt im Kopf 24
    Vorsicht Dauerstress! 26
    Frauen und Männer erleben Stress oft unterschiedlich . . 34
    Neue Erkenntnisse aus der Stressforschung 34
    Wie Sie den Inhalt des Buches gut für sich nutzen . . . 36

Der Stresstyp-Test 39
    Was löst den Stress aus? 39
    Der Schnelle Macher 44
    Der Perfektionist 45
    Der Harmonieorientierte 46

Der Tanz mit dem Tiger 49
    Handlungsmöglichkeiten in den 4 Stressphasen 49
    In der Orientierungsphase: Stressalarm vermeiden . . . 52
    In der Alarmphase: Stressalarm abschwächen 100

In der Anpassungsphase: Aktiv werden 105
In der Erholungsphase: Lockerlassen 114
Von Kopf bis Fuß: Die Stressless-Werkzeugkiste 139
Der Vertrag mit sich selbst 144

Überlegungen zu einem langfristigen Plus an Lebensgenuss . 147
Ganz grundsätzlich: Wofür setzen Sie Ihre Kraft ein? . . 147
Vermehren Sie Flow-Erlebnisse 149
Gestalten Sie die Gegenwart 153
Auf die Dosis kommt es an 155
Schaffen Sie sich echte «Frei-Zeiten» 155
Sich erholen durch Humor 156
Achten Sie auf eine ausgewogene und gesunde Ernährung 157
Schlafen Sie viel und gut 162
Geborgenheit schafft Rückhalt 165
Pflegen Sie ein befriedigendes Hobby 168
Das Stressfrei-Kino 169

Resümee und Ausblick 173
Zum Weiterlesen und Vertiefen 175

Vorwort

Wie so viele Menschen fühlen Sie sich vielleicht öfters stark angespannt und erleben Ihre Arbeitsbedingungen als belastend. Termindruck, die Aufgabenfülle und die stetig wachsenden Anforderungen sind typische Begleiterscheinungen vieler Berufsfelder. Stress scheint heute bereits untrennbar mit der Organisation des Arbeitsalltags an sich verbunden zu sein – und sich nicht mehr nur auf typische Situationen wie Präsentationen, Verhandlungen oder die Lösung besonders anspruchsvoller Aufgaben zu beziehen.

Erfolg macht sich dabei zusehends stärker daran fest, wie gut es gelingt, den alltäglichen Stress im Job zu bewältigen, um die eigenen Kräfte auch langfristig zielgerichtet einsetzen zu können. Stress kann dabei zu einem recht launischen Begleiter werden. Lange Zeit scheint man Tag für Tag auch mit extremer Anspannung und einem permanenten «Zuviel» zurechtzukommen und gibt sich dann gerne der Illusion hin, dies könne ewig so weitergehen. Umso mehr, als man unter Stress manchmal auch regelrecht zur Höchstform aufläuft. Doch täuschen Sie sich nicht: Bei ständiger Überlastung setzt irgendwann, anfangs fast unbemerkt, der Verschleiß ein; die Gesundheit wird in Mitleidenschaft gezogen, und die Leistungsfähigkeit nimmt ab. Lassen Sie es nicht so weit kommen!

Der Ihnen vorliegende Praxis-Ratgeber «Tanz mit dem Säbelzahntiger» entstand aus der praktischen Erfahrung als Trainerin und Coach im Bereich Selbstmanagement und Gesundheitsprophylaxe und aus den Beobachtungen in meiner langjährigen Tätigkeit als selbstständige Grafikdesignerin in der Werbebranche. Mehr und mehr wurde mir in der Arbeit mit Seminarteilnehmern und Coachs an diesen Themen klar: Zwar ist die Stressreaktion eine Funktion, die unabdingbar zur Grundausstattung aller Menschen gehört – aber dennoch kann Stressbelastung völlig unterschiedliche Gesichter haben.

Der Organismus unserer Urahnen hatte unter Stress genauso reagiert, wie wir es heute körperlich erleben, nur die Anlässe dafür waren andere. Schlich sich damals ein Säbelzahntiger an, das Raubtier mit den riesigen Reißzähnen, das unsere Uhr-Ahnen in Angst und Schrecken versetzte, dann schaute man besser schnell, dass man sich in Sicherheit brachte. Sich Zeit zu lassen und das Problem erst einmal zu reflektieren hätte die Überlebenschance drastisch vermindert. Deshalb schaltete sich mittels der Stressreaktion blitzschnell ein Angriffs- bzw. Fluchtmechanismus («fight or flight») ein, der ebenso blitzschnelle Reaktionen ermöglichte. Die körperliche Stressreaktion macht es uns damals wie heute möglich, auf eine gefährliche Situation rasch und in körperlicher Bestform zu reagieren. Das passiert ganz automatisch, ohne dass wir darüber nachdenken müssen. Jedoch sind Gefahren für Leib und Leben im normalen Alltag des 21. Jahrhunderts eher selten. Ein heutiger Arbeitsplatz ist kaum körperlich anstrengend, stellt jedoch viel höhere Ansprüche an das Wissen, die Selbstorganisation und die Flexibilität eines jeden. So haben unsere heutigen Stressauslöser im Wesentlichen mit Zeit- und Leistungsdruck zu tun: Noch schneller, noch mehr, noch besser, so heißen unsere heutigen Säbelzahntiger, die im Körper die gleiche Alarmreaktion auslösen wie damals. Kampf oder Flucht im wörtlichen Sinne sind nun aber nicht angesagt. Es empfiehlt sich nicht, den Chef zu vermöbeln, auch wenn er Sie vor versammelter Mannschaft abgekanzelt hat, und ebenso wenig können Sie angesichts jeglicher Herausforderung einfach die Flucht ergreifen. Neue Strategien sind gefragt: Tanzen Sie mit dem Säbelzahntiger, lernen Sie mit Ihrer Stressbelastung klarzukommen, ohne sich psychisch und physisch zu verschleißen. Dabei hilft es sehr, sich selbst und die eigenen Muster und Reaktionen besser zu kennen.

Jeder erlebt Stress anders und hat seine individuellen Stressauslöser, seine speziellen «Säbelzahntiger». Zudem gibt es auch andere persönliche Unterschiede: Wo beim einen der Stresspegel noch lange nicht ausschlägt, steht der andere schon «unter Hochspannung». Auch erleben Frauen und Männer oft ganz verschiedene Dinge als Stressoren und reagieren auch unterschiedlich darauf.

Wollen Sie Impulse und konkret im Alltag umsetzbare Vorschläge, wie Sie den Stress im Berufsalltag besser in den Griff bekommen? Dann lesen Sie weiter und finden Sie heraus, welches Ihre speziellen Stressoren im Job sind, wie Ihr ganz spezieller «Säbelzahntiger» aussieht. Wenn Sie eher ein «Macher»-Typ sind, geraten Sie durch andere Stressoren unter Druck als jemand, der zum Perfektionismus neigt, oder jemand, der vorrangig an Harmonie im Team orientiert ist. Ein Typentest gibt Ihnen hier die erste Orientierung, welche Anteile wie stark bei Ihnen ausgeprägt sind. Darauf bauen dann die entsprechenden Vorschläge, Strategien und Tipps auf, die Ihnen dabei helfen, Ihren «Säbelzahntiger» zum Tanz statt zum Biss zu animieren. Hier spezifisch statt allgemein vorzugehen steigert die Effektivität. Wenn Sie die richtigen und für Sie passenden Stressmanagementmethoden auswählen und in Ihren Arbeitsalltag integrieren, ersparen Sie sich viel *Trial and Error* mit Dingen, die zwar in der Theorie funktionieren, aber nicht auf Ihren speziellen Stresstyp zugeschnitten sind.

Da dauerhafter Stress krank macht, sind Sie, wie alle Betroffenen, gefordert, rechtzeitig gegenzusteuern, und dies nicht erst, wenn stressbedingte Verschleißerscheinungen überhand nehmen. Je eher Sie anfangen, an Ihrem Lebensstil etwas zu verändern, desto besser ist es für Sie und für Ihre langfristige Leistungsfähigkeit. Dabei will dieses Buch Sie unterstützen. Als Praxis-Leitfaden zeigt es Ihnen alltagstaugliche und typgerechte Strategien auf, wie Sie akute Stresssituationen meistern, sich entlasten können und für Entspannung und Ausgleich sorgen. Sie finden hier auch konkrete Vorschläge dafür, neue Sicht- und Verhaltensweisen und einen darauf abgestimmten «*Stressless*-Plan» zu entwickeln. Damit beugen Sie dem gefürchteten Burnout sowie auch vielen stressbedingten Befindlichkeitsstörungen und Erkrankungen vor. Gleichzeitig gewinnen Sie wieder mehr Spaß an Ihrer Arbeit und stärken Ihre Lebensfreude. Das ist den Einsatz allemal wert, finden Sie nicht auch?

Herzlichst
Ihre Sigrid Engelbrecht

Wenn der Tiger zum Sprung ansetzt ...

Was ist Stress?

Der Begriff «Stress» (engl.: Druck, Anspannung; lat.: stringere: anspannen) entstammt ursprünglich der Materialprüfungstechnik und bedeutet Zug oder Druck auf einen Werkstoff. Ab einem bestimmten Punkt «ermüdet» das Material, es kommt zu Verformungen oder es bricht ganz auseinander. Den Begriff «Stress» übertrug der kanadische Mediziner Hans Selye bereits vor über 80 Jahren auf die Reaktion bei Tieren und Menschen auf Gefahrensituationen und die damit einhergehenden physischen und psychischen Beanspruchungen. Er wies in seinen Studien auch nach, dass ein Organismus tatsächlich zunächst völlig gleichartig auf jegliche Art von Belastung oder Anpassungserfordernisse reagiert: Er aktiviert einfach ein automatisch ablaufendes Programm zur Überlebenssicherung: die Stressreaktion.

Stress, so fand Hans Selye heraus, hat zwei Gesichter. Zum einen kann er der Motor sein, mit dem wir neue Fähigkeiten und Perspektiven entwickeln können, zum anderen kann Stress auch zu dauerhafter Überbelastung in Beruf und Familie führen, mit vielen negativen emotionalen und körperlichen Folgewirkungen bis hin zu schwerwiegenden Erkrankungen, beispielsweise dem Burnout-Syndrom, einem Zustand des Nichts-geht-Mehr. «Materialermüdung» ist also nicht nur in der Welt der Werkstoffe, sondern auch für den Menschen ein Thema.

Nun gehört Stress als etwas Gewohntes zu unserem Alltag, und wir erleben tagtäglich viele kleine und größere Stresssituationen – Stress in der Organisation von Projekten und Abläufen, Stress durch Termindruck, Stress im Vorfeld von Präsentationen und der Lösung anspruchsvoller Aufgaben. Dazu gesellen sich vielleicht noch Stress durch tausend kleine Ärgernisse, Stress in der Freizeit, Stress mit dem Partner, den Kindern ...

Normalerweise kommen wir relativ gut damit zurecht, diese Herausforderungen immer wieder neu zu meistern. Im Alltag des 21. Jahrhunderts ist unser biologisches Krisenmanagement aber oft harten Zerreißproben ausgesetzt. Chronischer Zeitmangel, überbordende Fremdbestimmung, sich zuspitzender Leistungsdruck, eine gnadenlose Informationsfülle, garniert mit vielfachen Unterbrechungen des Arbeitsablaufs, bauen permanenten Druck auf, mit dem die Bewältigungsstrategien von Körper, Geist und Seele oft kaum mehr fertig werden.

Andererseits aber wäre ein aktives Leben völlig ohne Stress ein Widerspruch in sich, denn ein grundsätzliches Stress- bzw. Spannungspotenzial ist für das Überleben unabdingbar. Eine Körperzelle, die überhaupt keine Spannung mehr hat, ist schlicht tot. Ein völlig spannungsarmes Leben, das uns und unsere Fähigkeiten permanent unterfordert, lässt uns in Langeweile ersticken. Wir brauchen eine gewisse Spannung, um in Gang zu kommen und uns wohl zu fühlen. Frühmorgens zum Beispiel, wenn wir uns vom Ruhemodus in der Waagrechten ins Bad begeben und unter die Dusche stellen, sind es die klassischen Stresshormone, allen voran das Cortisol, die dafür sorgen, dass dies auch gelingt und wir unseren Kreislauf wieder auf Touren bringen. Bei gesunden Menschen ist die Cortisolkonzentration schon nach dem Aufwachen auf dem Höchststand. Damit rüsten wir uns automatisch für die vor uns liegenden Aktivitäten des Tages.

Es kommt beim Umgang mit dem täglichen Quantum Stress zum einen auf die Art der Stressbelastung an, zum anderen auf die Dosis.

Manche Erscheinungsformen von Stress («Eu-Stress») sind wie die Prise Salz in der Suppe, beispielsweise, wenn man morgens so richtig gut in die Gänge kommt und sich auf den Tag freut, andere Stress-Erscheinungen («Dis-Stress») versalzen die Suppe (der mäkelige und «bissige» Chef als moderner Säbelzahntiger). Gefährlich wird es, wenn mehr Salz als Suppe da ist, denn dies führt zu Dauerstress. Bei vielen Dauergestressten beispielsweise ist der Cortisolspiegel ständig erhöht – gänzlich ohne situationsgerechte Anpassung an die tatsächlichen Herausforderungen des Tages, was zu gravierenden Gesundheitsbelastungen führt, wie wir noch sehen werden.

Dis-Stress, Eu-Stress und Stressgrenzen

Wenn wir sagen, wir fühlten uns gestresst oder wir müssten «endlich etwas gegen unseren Stress unternehmen», meinen wir den negativen, den belastenden Stress, den Dis-Stress (lat. dis = schlecht) als einen Zustand der empfundenen Überbelastung, des permanenten Angespannt- und Ausgepowert-Seins. Dis-Stress entsteht zumeist im Schlepptau von Gefühlen der Bedrohung, der Überforderung und Überlastung. Zwar kann auch eine chronische Unterforderung zu Problemen führen (Langeweile), in der Mehrzahl haben wir es aber eher mit einem Zuviel als einem Zuwenig an Anforderungen zu tun.

Daneben gibt es Anspannungs- und Belastungsmuster, die den Organismus zwar ebenfalls fordern, die aber anders erlebt werden. Dies ist der sogenannte Eu-Stress (lat. eu = gut). In dieser Form kann Stress auch zur starken Antriebsquelle werden. Unter Stress können wir Leistungen erbringen, die im Normalzustand kaum möglich wären. Mut, Kraft, Konzentration, Schnelligkeit und Ausdauer werden massiv gesteigert. So kann auch die berufliche Anspannung durchaus als Eu-Stress empfunden werden. Der Druck bewirkt, dass Sie sich tatkräftig und lebendig fühlen. Mit dem Begriff des Eu-Stresses werden oft Qualitäten wie Arbeitseifer, Schaffensdrang, Euphorie, Energie, Freude und Optimismus verbunden. Bis zu einem gewissen Punkt kann Stress das Leben also durchaus positiv beeinflussen, indem er zu körperlichen und geistigen Höchstleistungen herausfordert und Sie dies als beglückend empfinden. Dafür verantwortlich ist die Ausschüttung von Epinephrin, Norepinephrin und Glucocorticoiden, die eine kurzzeitige Euphorie bewirken und gleichzeitig Ihr körperliches und psychisches Schmerzempfinden deutlich verringern. Missbefindlichkeiten, Müdigkeit, körperliche Bedürfnisse, Sorgen und Konflikte treten völlig in den Hintergrund. Auch die Umgebung erscheint durch diese chemisch initiierte Veränderung lebendiger und intensiver. Doch Achtung: Diese Art von positivem Stress kann, wenn der Druck zu groß wird, schnell ins Negative umschlagen.

Eu-Stress empfindet man auch dann, wenn man in einer anstrengenden, aber interessanten und befriedigenden Tätigkeit völlig aufgeht. Es ist ein Zustand des Ganz-dabei-Seins, den der Glücksforscher Mihaly Csikszentmihalyi als «Flow» bezeichnet hat. Eu-Stress tritt ebenfalls auf bei (Vor-)Freude oder gespannter Erwartung, also bei Tätigkeiten oder Ereignissen, die, ganz allgemein formuliert, Glücksgefühle auslösen. Eu-Stress erhöht die Aufmerksamkeit, motiviert und wirkt sich, auch wenn er häufiger auftritt, überwiegend positiv

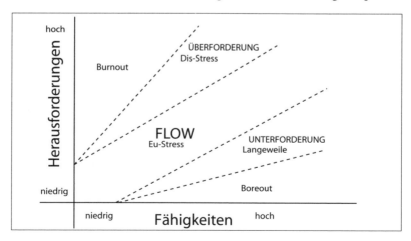

auf die Gesundheit und die Funktionsfähigkeit unseres Organismus aus. Wer möchte schon auf den Stress des Abenteuers, des Verliebtseins, des kreativen Prozesses verzichten? Sehen Sie Stress deshalb nicht als etwas an, das es generell zu vermeiden gilt, sondern lernen Sie zu unterscheiden, wann er das Salz in der Suppe und wann die Suppe versalzen ist.

Nicht nur die Unterscheidung in Eu-Stress und Dis-Stress spielt im Stresserleben eine Rolle, auch die persönlichen Stressgrenzen sind für die Frage, ab wann Stress uns schaden kann, bedeutsam. Stress sei das Leben selbst, meinte Hans Selye, lediglich die Dosis, die einem gut bekomme, sei von Mensch zu Mensch verschieden, weil Konstitution, Reizstärke und Reizumfang auch eine Rolle spielten. Was also für den einen noch mühelos auf die Reihe zu kriegen ist, er sich wohl, aktiv und lebendig führt, kann für den anderen schon zu viel des Machbaren sein. Eine Rüge vom Abteilungsleiter ruft beim einen ein Achselzucken hervor, bei seinem Kollegen aber eine klassische Schreckreaktion. Multitasking ist für manche Menschen ganz normal und wird als nicht sonderlich anstrengend gewertet, andere bringt es schnell ins Schwitzen. Wer zehn verschiedene Aufgaben im Büro spielend abarbeiten kann, fühlt sich dagegen vielleicht bei einem Kundentelefonat sofort angespannt.

Bei der individuellen Stresstoleranzgrenze spielen das Persönlichkeitsprofil, die Lebensumstände und die im Laufe des Lebens gewonnenen Erfahrungen eine Rolle. Die Bewertung von Situationen in Hinblick auf Stress ist also subjektiv sehr unterschiedlich. Jeder hat seinen speziellen Säbelzahntiger, den es zu zähmen gilt, hat seine spezifischen Stressauslöser und auch seine speziellen Stressbewältigungsmethoden – geeignete wie ungeeignete, nützliche wie auch schädliche. Was beim einen wirksam ist, muss beim anderen nicht genauso effektiv sein. Deshalb können Tipps zur Stressbewältigung nur sehr bedingt allgemein gültig sein.

Ihre Stresstoleranzgrenze ist also ein Maß dafür, welche Belastungen Sie verarbeiten können und ab wann Dis-Stress-Symptome auftreten – d.h., wann Ihr Säbelzahntiger seine Zähne ausfährt.

Anmerkung: Wenn im Folgenden von Stress die Rede ist, ist damit der Dis-Stress gemeint, es sei denn, es wird im Text ausdrücklich auf den «guten» Stress hingewiesen.

Die Stressreaktion: Wie der Organismus auf Stress reagiert

Unser evolutionäres Erbe
Als unsere Urahnen noch auf der Suche nach Nahrung durch die Wälder zogen und sich vielfältigsten Gefahren ausgesetzt sahen, war die «Fight or flight»-Reaktion überlebenswichtig. Die beste Vorsorge für die Zukunft bestand damals schlicht darin, den Tag unbeschadet zu überstehen und Nahrung für das weitere Fortbestehen zu erbeuten. Von der Fähigkeit zur raschen körperlichen Mobilmachung hing es ab, ob dies gelang oder scheiterte. Dieses Reaktionsmuster, blitzschnell «von null auf hundert» schalten zu können, hat sich so gut bewährt, dass wir es auch als moderne Stadtmenschen noch immer im genetischen Programm haben, und es ist heute so wirksam wie damals. Stellen Sie sich vor, Sie würden jedes Mal, wenn Sie als Autofahrer im Straßenverkehr abbremsen müssen, erst überlegen, ob Sie dies auch wirklich tun sollen oder nicht. Das wäre höchst gefährlich, denn am Ende dieses Abwägungsprozesses könnte ein Auffahrunfall stehen. Stattdessen reagieren Sie reflexhaft – und damit vor allem auch schnell. Fuß auf die Bremse, Unfall vermieden. Das, was Sie dabei körperlich als «Stress» wahrnehmen, ist Teil der Überlebensreaktion, die automatisch vier Phasen durchläuft, welche stets in der gleichen Reihenfolge nacheinander «geschaltet» sind:
1. Orientierungsphase
2. Alarmphase
3. Anpassungsphase
4. Erholungsphase

In der Orientierungsphase wird – entweder extern über Sinnesorgane («Achtung, Gefahr!») oder intern über Vermutungen («Vorsicht! Das kann schiefgehen!») – zunächst ein Reiz an das Zwischenhirn übermittelt. Dort wird blitzschnell sondiert, ob dieser Reiz eine Bedrohung darstellt. Bei einem «NEIN» passiert nichts weiter. Aha, was da hinter dem Gebüsch geraschelt hat, ist kein Säbelzahntiger, sondern nur ein harmloser Hufeträger; der Wagen vor einem setzt sich nun doch wieder in Bewegung. Man bleibt ruhig – aber natürlich weiter wachsam. Lautet jedoch der Befund «JA, könnte gefährlich sein!», folgt unverzüglich die Alarmphase, in der es blitzschnell zu einem wahren Feuerwerk von Aktionen kommt. Der Organismus aktiviert sämtliche Reserven.

- Über Botenstoffe läuft ein Impuls zum limbischen System (Mandelkern und Hippocampus), das limbische System wiederum schickt Signale zum Hypothalamus und zum Hirnstamm.
- Im Hirnstamm wird über die Aktivierung des vegetativen Nervensystems alles getan, um den Körper möglichst schnell auf die neue Situation einzustellen. Der Neurotransmitter Acetylcholin wird freigesetzt, der sofort im Nebennieren-Mark zu einer Ausschüttung der «Notfall-Hormone» Adrenalin und Noradrenalin führt, was die Aufmerksamkeit und Reaktionsbereitschaft verstärkt.
- Zugleich regt der Hypothalamus das endokrine System (Hypophyse, Nebennieren) und das vegetative Nervensystem massiv zu gesteigerter Aktivität an. Durch die Produktion von CRF («Corticotropin-Freisetzungsfaktor») und ACTH (adrenocorticotropes Hormon, das über die Blutbahn zu den Nebennieren gelangt) werden in der Nebennierenrinde rasch Cortisol und Corticosteron ausgeschüttet. Innerhalb kürzester Zeit gelangen diese Hormone überallhin im Körper, wo sie nun die verschiedensten Wirkungen hervorrufen.
- Noch ehe im präfrontalen Cortex, dem Sitz unseres Beurteilungsvermögens, die Dinge im Detail untersucht werden könnten, re-

agiert das vegetative Nervensystem mit einem Abwehrreflex – einer «Atempause», die zur Mobilisierung weiterer Kräfte dient –, dies erleben wir dann als «Schrecksekunde», in der wir meinen, das Blut gefriere uns in den Adern. Die hormonellen Ausschüttungen können in dieser Phase zu Denkblockaden führen – was das reflexhafte, instinktive Handeln fördert.

- Schon Bruchteile von Sekunden nach diesem «Stopp» werden Adrenalin aus dem Nebennierenmark und Cortisol aus der Nebennierenrinde freigesetzt, damit der Körper sich auf maximale Leistungsfähigkeit einstellen kann.

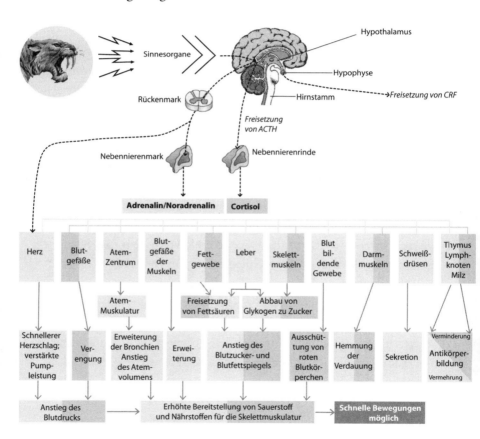

- Über Blutzucker und Fettsäuren wird Energie mobilisiert, die Muskelspannung der Skelett- und Gefäßmuskulatur geht in die Höhe, der Blutdruck und der Puls steigen an. Das Herz pumpt schneller und stärker, um Sauerstoff und Nährstoffe rascher zu den Zellen zu transportieren.
- Die Bronchien weiten sich, die Atmung wird schneller. Die Lungen nehmen mehr Sauerstoff auf, den die Zellen für die Mehrarbeit brauchen. Alle für die Abwehr der Gefahr wichtigen Organe werden mit viel Sauerstoff und Glukose versorgt, auch Gehör und Sehvermögen sind schärfer als sonst eingestellt. Sogar das Blut gerinnt nun leichter, damit bei einer möglichen Verletzung Wunden schneller heilen können.
- Gleichzeitig fährt der Körper alle Vorgänge herunter, die nicht dem momentanen Überleben dienen, beispielsweise die Verdauung. Das im Verdauungstrakt deponierte Blut wird abgezogen und zu den Muskeln geleitet. Auch die Aktivität des Immunsystems, der Sexualorgane und des Großhirns wird gedrosselt, um noch mehr Energie freizusetzen.

Hat der Körper die optimale Kampf- oder Fluchtbereitschaft erreicht und dauert die Bedrohungssituation noch weiter an, dann folgt darauf *die Anpassungsphase*. Die gesamte Skelettmuskulatur ist vorgespannt, wir sind und bleiben «sprungbereit», der Körper ist auf Angriff oder Flucht optimal eingestellt. Jetzt agiert der Organismus so lange in diesem Modus, bis die belastende Situation vorüber ist oder die Energiereserven des Körpers völlig erschöpft sind.

Abschließend folgt *die Erholungsphase*, in der wir uns wieder entspannen, uns regenerieren und neue Kräfte sammeln können. Die Erregung klingt ab. Hat die Erschöpfung jedoch vorzeitig eingesetzt oder konnten wir der Herausforderung nicht so gerecht werden, wie wir das gewollt hätten, dann wird die Erholungsphase psychisch eher als Schlappmachen oder als Kapitulation empfunden. Wenn wir die Stresssituation hingegen gut bewältigt haben und uns Zeit zur Erholung zugestehen, erleben wir auch die Erholungsphase als sehr wohltuend, da unsere Kräfte wieder gestärkt werden. Sinn der Erholungsphase ist es, dass der Hormonspiegel und die körperlichen Funktionen sich wieder auf ihr gewohntes Level einpendeln.

So weit ist dieser Ablauf damals wie heute überaus sinnvoll. Für unsere Vorfahren war diese Stressreaktion überlebenswichtig. Für uns ist sie in Gefahrensituationen wichtig, wo es darauf ankommt, blitzschnell zu reagieren, Gefahr abzuwenden, uns zur Wehr zu setzen oder in Sicherheit zu bringen – sei es im Straßenverkehr, bei der Bedienung von Maschinen oder bei einem Überfall. Wenn wir in der «Anpassungsphase», in der unser Körper auf Hochtouren läuft, die mobilisierte Energie in körperliche Aktion umsetzen, werden die Stresshormone im Blut auch rasch wieder abgebaut. So ist Stress im Idealfall nur ein kurzfristiger Zustand, den der Organismus ohne negative Folgen rasch wieder ausgleichen kann.

Wenn der Alarm ins Leere läuft
In der heutigen Zeit sind wir im Alltag sehr selten mit unmittelbar lebensbedrohlichen Situationen konfrontiert. Die modernen Bedrohungen zeigen sich vielmehr in Form von massiver Arbeitsverdichtung, Termindruck, Doppelbelastung in Beruf und Familie, ständiger Verfügbarkeit durch Mobil- und Online-Kommunikation usw. Wie entsprechende Studien zeigen, klagt gut ein Fünftel aller Erwerbstätigen über psychovegetative Störungen und Burnout-ähnliche Phasen, die auf ein Übermaß an Anspannung zurückzuführen sind. Auch nahezu die Hälfte aller Krankmeldungen ist letztlich auf die Folgen von Stress und Überlastung zurückzuführen. Als größter Stressauslöser gilt dabei der Zeitdruck, dem Beschäftigte ausgesetzt sind.

Der gesellschaftliche Wandel, der sich stetig erhöhende Druck in der Wirtschaft und die Globalisierung sind Einflüsse, denen wir uns als Einzelner nicht entziehen können. Die täglichen Anforderungen sind in den meisten beruflichen Tätigkeitsfeldern innerhalb der letzten Jahrzehnte stark gestiegen und steigen weiter. Parallel dazu nimmt auch der Zeitdruck zu. In vielen Branchen werden zunehmend universale Kompetenzen eingefordert, die den Spezialisten und den Allrounder in einer Person verlangen. So muss ein kreativer Grafik-Designer heute über sein gestalterisches Fachwissen hinaus auch programmieren können, und der Schreiner hat nicht nur den Umgang mit Holz, sondern auch fachspezifische Computerprogramme zu beherrschen. Wir haben es also mit einer großen Zahl zusätzlicher Anforderungen und subtilen Alltagsbedrohungen zu tun, auf die wir aber genauso heftig reagieren wie seinerzeit der Urahne Auge in Auge mit dem Säbelzahntiger.

So verstehen wir heute die Stressreaktion als die Folge einer Diskrepanz zwischen den Anforderungen der Umgebung zum einen, individuellen Fähigkeiten, Leistungsvermögen, Bedürfnissen und Zielen zum anderen – d.h., wenn wir also beispielsweise im Beruf oder im Privatleben Leistungserwartungen ausgesetzt sind, denen wir uns nicht gewachsen fühlen.

Die Stressauslöser

Die als bedrohlich empfundenen Ereignisse, Reize und Alltagssituationen, die eine Stressreaktion hervorrufen, bezeichnet man als Stressfaktoren oder Stressoren. Je mehr Stressoren gleichzeitig auf den Organismus einwirken, desto wahrscheinlicher ist es, dass eine Stressreaktion ausgelöst wird. Hier ist es zunächst wichtig, sich der individuell als belastend erlebten Stressoren bewusst zu werden, denn die Grundlage jeglicher Stressbewältigung ist eine gezielte Auseinandersetzung mit den spezifischen persönlichen Stressoren.

Stressauslöser im Alltag
- Umgebungsfaktoren
  Umweltreize wie Hitze, Kälte, Lärm, Gerüche, Elektrosmog, chemische Belastungen, unzureichende Beleuchtung, beengende Wohn- bzw. Arbeitsverhältnisse usw.

- Körperliche Stressoren
  Ungünstige Ernährungsweise, Schlafmangel, körperliche Beschwerden, hormonelle Schwankungen, Krankheit usw.

- Psychische Stressoren
  Persönliche Unsicherheiten, mangelndes Selbstvertrauen, gefühlte Perspektivlosigkeit, Kompetenz- und Sinnzweifel, finanzielle Probleme, Zukunftsängste usw.

- Soziale Stressoren
  Konflikte mit dem Partner oder in der Familie, fehlende Wertschätzung, zeit- und kraftaufwendige Pflege naher Angehöriger, Rollenkonflikte usw.

Stressauslöser am Arbeitsplatz
- Arbeitsanforderungen
  Zeitmangel, Termindruck, häufige Unterbrechungen, Schichtarbeit, umfangreiches Arbeitspensum, rigide Vorgaben, zu niedrige Bezahlung gemessen am Aufgabenfeld, hohe Anforderungen bei geringem Handlungsspielraum, unklare oder widersprüchliche Aufgabenstellungen, unklare Zuständigkeiten, hohe Verantwortung für Abläufe, Personen und/oder Geräte, Kompetenz- oder Wissensdefizite, schlechte Verfügbarkeit von Hilfsmitteln, mangelhafte technische Ausstattung, Zwang zum Multitasking, undurchsichtige Geschäftsabläufe, häufige Überstunden, zu wenig Freizeit

- **Soziale Arbeitsbedingungen**
 Das Firmen-Klima ist konfliktgeladen, fehlende Unterstützung durch Kollegen oder Vorgesetzte, fehlendes Feedback für erbrachte Leistungen, Defizite im Informationsfluss, Kommunikationsprobleme mit Kollegen oder Vorgesetzten, Mobbing bzw. Bossing, Misstrauen, Konkurrenzsituationen, objektiv nicht nachvollziehbare Arbeits- und Funktionsverteilung im Betrieb, Status-Rangeleien und Rivalitäten

- **Individuelle Stressoren am Arbeitsplatz**
 Angst, den Anforderungen nicht zu genügen, Angst vor Arbeitsplatzverlust, wahrgenommene Funktions- und Rollenkonflikte, innerliche Unvereinbarkeit zwischen den eigenen und den im Unternehmen herrschenden Wertvorstellungen

Die Wirksamkeit eines Stressors hängt neben der Intensität und der Dauer der Einwirkung auch davon ab, welche Erfahrungen man in ähnlichen Situationen gemacht hat und was man sich selbst zutraut. Nicht zu unterschätzen ist die Wirkung der «Daily Hassles». Wie in neueren Studienergebnissen deutlich wurde, sind es nicht so sehr die wenigen große Zäsuren erzeugenden Lebensereignisse, sondern vielmehr die kleinen täglichen Ängste, Ärgernisse und Missgeschicke, die für die Entstehung vieler Stressfolgeschäden verantwortlich sind. Solche «Hassles», die uns auf die Nerven gehen und den Tag vermiesen, können beispielsweise sein: Gewichtsprobleme, körperliche Missbefindlichkeiten, steigende Preise, Unzuverlässigkeit anderer, Unpünktlichkeit, Verschleiß wichtiger Hilfsmittel, der morgendliche Berufsverkehr, Arzttermine, bestimmte Wetterlagen, Reparaturen usw.

Stress beginnt im Kopf

Insbesondere drei Gefühle gelten heute als Indikatoren für Stress: Angst, Ärger und Hilflosigkeit:
1. Angst ist stets eine Folge der Wahrnehmung einer Bedrohung. Diese kann sich auf etwas ganz konkretes, auf eine reale Gefahr beziehen oder sich diffus als eine Art Hintergrundrauschen zeigen: Man befürchtet gewohnheitsmäßig Unheil, ohne dass es einen konkreten Anlass gibt. Dies ist dann Ausdruck einer tief gehenden Verunsicherung. Angst löst unmittelbar Fluchtreflexe aus: Neben dem «körperlichen» Davonlaufen gehört ebenso die «mentale» Flucht dazu, beispielsweise in Form von Ablenkungen, exzessivem Medienkonsum oder auch Alkohol-, Nikotin- oder Medikamentenmissbrauch.
2. Ärger wird durch Frustration ausgelöst (die Dinge laufen einfach nicht so, wie sie sollen). Dies zieht Aggressionen nach sich, die entweder nach außen, also gegen andere Personen oder irgendwelche Dinge, Umstände, Sachverhalte gerichtet sein können, oder in Form von Selbstherabsetzung und Selbstbeschimpfung gegen sich selbst. Dies führt dann leicht zu Überreaktionen, in denen einem die Selbstkontrolle entgleitet: Man regt sich schnell auf, fühlt sich auch rasch angegriffen, Kleinigkeiten nerven, man ist unter Druck, grundsätzlich misstrauisch und innerlich immer auf dem Sprung.
3. Hilflosigkeit entsteht vor allem dann, wenn man sich längere Zeit in einer schwierigen Lage befindet, ohne dass man einen Ausweg daraus findet. Dabei ist es wiederum gleichgültig, ob dies ganz objektiv betrachtet so ist oder ob man die Situation nur für sich so interpretiert. Dazu gehören chronische Überforderung, Mobbingsituationen, gesundheitliche Probleme usw. Gefühle der Hilflosigkeit führen zu Antriebsarmut, Lethargie und können auch Depressionen nach sich ziehen.

Jeder erlebt Stress anders
Kern des Stressgeschehens ist stets die subjektive Interpretation einer Gefahr. Dabei geht es nicht um die «objektive Bedrohung» (Wie hoch ist die Wahrscheinlichkeit, dass ich bei dieser Firmenfusion meinen Arbeitsplatz verliere?), sondern um das subjektive Erleben dabei (Wenn ich meinen Arbeitsplatz verliere, dann kann ich meine Hypothek nicht mehr abzahlen, dann wird ...).

Ganz wesentlich, ob es zu einer Stressreaktion kommt, ist die Interpretation des Geschehen und der Umgang damit, und dies wiederum hängt von unserem Selbstvertrauen, unserer momentanen Verfassung und der individuellen Stresstoleranzgrenze ab (siehe S. 15).

Manche Menschen verausgaben sich rascher als andere, und jeder greift zu seinen spezifischen Reaktionsmustern, wenn hohe Anforderungen, Termindruck, Monotonie oder Verpflichtungen Druck erzeugen. Der eine reagiert bereits bei wenig Stress mit hoher Alarmbereitschaft, während der andere sogar sehr konfliktträchtige Ereignisse locker bewältigen kann.

Wenn jemand subjektiv urteilt, dass er sich bestimmten Anforderungen nicht gewachsen fühlt, er also ein Ungleichgewicht zwischen den wahrgenommenen Aufgaben und den subjektiven Fähigkeiten empfindet und sich folglich einer Bedrohung gegenübersieht, wird das unweigerlich negativen Stress mit sich bringen. Viele Stressforscher haben genau dies als den gravierendsten Faktor für das Stressgeschehen geoutet: Sie sehen Stress vor allem als ein Problem jener Menschen an, die mit vielen Unsicherheiten und Unklarheiten leben müssen und die Entwicklung des Geschehens nicht in der Hand haben. Nicht ein Zuviel an Arbeit oder an Verantwortung ist demnach das, was am meisten Stress auslöst, sondern Situationen, auf die man – tatsächlich oder nur vermeintlich – keinen Einfluss hat, denen man sich also hilflos oder schicksalhaft ausgesetzt fühlt.

Vorsicht Dauerstress!

Ein nach oben kletternder Blutdruck, eine gesteigerte Atemfrequenz, Adrenalin- und Cortisolausschüttung – und schon ist man fit für Kampf oder Flucht, doch ist diese Art Fitness wenig hilfreich, wenn man etwa einen Vortrag vor Publikum halten oder ein konfliktträchtiges Meeting leiten muss. Fatalerweise kann man als «bedrohlich» interpretierte Engpässe und Konflikte im Berufsalltag nicht einfach durch Flucht oder Kampf beenden. So können die in der Alarmphase aktivierten Energien nicht mehr ausagiert werden und bleiben im Körper «stecken». Der Körper wird stets auch dann in Aktionsbereitschaft versetzt, wenn der Alarmphase keine physische Anstrengung, sondern eine psychische Belastung folgt.

Wenn einige Male Stressalarm ausgelöst wird, dem keine körperliche Aktion folgt, dann ist das noch keine große Sache. Schwieriger ist es, wenn sich solche Ereignisse häufen, die Belastung über längere Zeit anhält und die Anpassungsphase zum Normalzustand wird, der Organismus also auf Daueralarm schaltet. Wenn eine Stresssituation die nächste jagt, wird es für den Körper gefährlich. Was als kurzfristiges Schutz-Programm überaus sinnvoll war und ist, mutiert dann zum Schädigungsprogramm. Die hohen Konzentrationen von Cortisol und Adrenalin kreisen im Blut, der Körper läuft auf Hochtouren, alle Energie ist mobilisiert – und dies während Sie im Auto oder an Ihrem Schreibtisch sitzen. Eigentlich müsste sich die aufgestaute Energie nun schleunigst irgendwie entladen und anschließend die Erholungsphase eingeläutet werden. Doch wird der Erholung kein Platz zugestanden. Kaum ist ein stressauslösendes Ereignis vom Tisch, steht schon das nächste an und das nächste und das nächste ... Dass dies auf Dauer nicht ohne Folgen bleibt, ist einleuchtend. Bleiben Erholungsphasen oft aus, kann dies zum erschöpfenden und krankmachenden Dauerstress führen. Dieser Dauerstress ist gemeint, wenn man heute von Stressbelastung spricht.

Werden die gewohnheitsmäßigen Stresssymptome übergangen und fehlt die Erholung, rufen die hoch bleibenden Spiegel von Adrenalin und Cortisol im Organismus vielfältige Auswirkungen hervor. Kein Organismus hält es unbeschadet aus, längere Zeit in einem erhöhten Anspannungszustand zu bleiben. Die schädlichen Folgen sind umso schwerwiegender, je intensiver und häufiger extreme Stresssituationen bewältigt werden müssen und je länger die Phase der Anspannung andauert. Chronischer Stress kann das in der Regel genau ausbalancierte Immunsystem empfindlich stören. Der hohe Cortisolspiegel und das aus dem Gleichgewicht geratene Nervensystem verändern die sonst reibungslose Zusammenarbeit der Abwehrzellen. Dauergestresste sind deswegen anfälliger für Schnupfen, aber auch für schwerwiegendere Infektionen. Das Immunsystem kann so schwer beeinträchtigt werden, dass es völlig aus dem Takt gerät und Hausstaub, Blütenpollen oder Katzenhaare plötzlich als feindlich interpretiert. Eine Allergie entsteht. Schlimmstenfalls wendet es sich sogar gegen den eigenen Körper: So können Multiple-Sklerose-Schübe, rheumatische Arthritis oder Muskelentzündungen Folge von Dauerstress sein.

Die langfristig erhöhte Ausschüttung von Stresshormonen schädigt auch das Gehirn – zumindest vorübergehend. Manche Forscher sind inzwischen der Ansicht, es käme bei Dauerstress zur Zerstörung von Nervenzellen im Hippokampus, der Gehirnregion, die für das Lernen und das Gedächtnis zuständig ist. Man mutmaßt auch, dass dauerhaft zu häufig ausgeschüttete Stresshormone Teile des menschlichen Gehirns einfach schrumpfen lassen.

Viele Menschen nehmen täglichen Stress, auch wenn er gehäuft auftritt, als normale und selbstverständliche Begleiterscheinung hin und machen sich leider zu wenig Gedanken über die langfristigen Folgen, die solch eine permanente Überbeanspruchung nach sich ziehen kann. Jeder Dauerstress-Geplagte kennt aber die Symptome, die sich infolge ständiger Anspannung zeigen, nur allzu gut:

- gesteigerte innere Anspannung, Nervosität, sinkende Regenerationsfähigkeit
- häufig auftretende Schlafstörungen, nicht zur Ruhe kommen
- beeinträchtigte Erlebnisfähigkeit
- Konzentrationsschwäche, Vergesslichkeit, Denkblockaden, häufige Gereiztheit, schlechte Laune
- chronische Muskelverspannungen, besonders im Rücken und Nackenbereich
- erhöhter Blutdruck
- allgemeine Atemfrequenz- und Herzfrequenzsteigerung
- verstärkte Neigung zu negativen Gedanken, Niedergeschlagenheit, Grübeln usw.
- Abnahme des sexuellen Verlangens
- wachsende Unzufriedenheit, Ärger
- Gefühl der Hilflosigkeit, Angst zu versagen

Dauerstress kann auch hormonelle Störungen begünstigen und ist ein Risikofaktor bei depressiven Erkrankungen. Der Organismus wird also auf mehreren Ebenen – teilweise irreparabel – geschwächt.

Das metabolische Syndrom: Ein tödliches Quartett

Das Zusammenwirken der vier Faktoren Übergewicht, erhöhte Blutzucker- und Blutfettspiegel sowie Bluthochdruck führt Zug um Zug zu gravierenden Beeinträchtigungen der Lebensqualität und zu Schädigungen vor allem am Herz-Kreislauf-System und an den Organen.

Besonders verschleißfördernd sind die infolge der Stressreaktion ausgelösten Erhöhungen von Blutzucker und Blutfetten. Wird diese zusätzlich bereitgestellte Energie nicht durch Bewegung verbraucht, muss zur Normalisierung des Blutzuckerspiegels zusätzlich Insulin ins Blut abgegeben werden, damit der Blutzucker durch Abgabe in die Leber und die Muskulatur wieder auf seinen normalen Level gebracht werden kann. Dauerstress bedeutet also eine erhöhte Beanspruchung der Insulinproduktion über einen längeren Zeitraum, wodurch es u. a. zum vorzeitigen Auftreten einer Altersdiabetes kommen kann. Die durch Stress überhöhten und bei fehlender körperlicher Aktivität nur langsam sich abbauenden Blutfette führen zu Fettablagerungen in den Blutgefäßwänden und begünstigen so die Entstehung von Arteriosklerose. Dies wiederum kann beispielsweise einen Herzinfarkt oder einen Schlaganfall nach sich ziehen. Langfristiger Stress greift also ganz massiv schädigend in wichtige Körperfunktionen ein.

Nicht zuletzt birgt Dauerstress auch die Gefahr, zu kontraproduktiven Bewältigungsstrategien zu greifen: Alkohol, Zigaretten, Psychopharmaka usw., die zwar für kurze Zeit die vorenthaltene Entspannung zu kompensieren scheinen. Grund dafür, dass Suchtverhalten für Stressgeplagte oft eine verlockend schnelle Lösung darstellt, ist die Aktivierung des Neurotransmitters Dopamin im Gehirn. Für kurze Zeit wird durch die Dopaminausschüttung das Gefühl von Ruhe, Kraft und Zuversicht erzeugt. Dann sind Versagensängste, Niedergeschlagenheit oder Ärger wie weggeblasen. Dies ist jedoch nicht von Dauer, und deshalb muss immer wieder nachgelegt werden. Langfristig betrachtet sind aber exzessiver Genussmittelkonsum oder Medikamentenmissbrauch alles andere als ein Ausweg, sondern führen nur zu weiteren Problemen: Abhängigkeiten, organische Schäden, depressive Verstimmungen.

Warum Dauerstress dick machen kann
Dauerstress kann den Zeiger auf Ihrer Gewichtswaage ganz schön nach oben treiben. Unter chronischer Anspannung legen viele Menschen drastisch an Gewicht zu. Warum eigentlich? Wenn jemand die ganze Zeit unter Druck steht und voller Hektik durch den Tag rast, dann müsste der doch eigentlich eher dünner werden, oder? Warum jedoch eher das Gegenteil der Fall ist, dazu tragen vier unterschiedliche Faktoren bei:

1. Bei Stress fordert das Gehirn mehr Glukose als im «Normalbetrieb». Wenn es ihm nicht gelingt, ausreichend Energie vom Körper zu mobilisieren, gleicht das Gehirn die Unterversorgung aus, indem es Impulse dazu gibt, die Aufnahme energiereicher Nahrung zu steigern. Die Folge: Wir verspüren Hunger, meist auf süße oder fette Speisen, die einen kräftigen Energieschub liefern. Ist der Energiestoffwechsel über einen längeren Zeitraum im Ungleichgewicht, beispielsweise durch eine Depression oder eben durch Dauerstress, kann das den Appetit enorm anwachsen lassen.
2. Stress steigert oft auch deswegen das Verlangen nach Essen, weil es die Erregung dämpft oder als tröstlich erlebt wird. Vor allem süße Speisen werden als Stresspuffer empfunden und wirken kurzfristig stimmungsaufhellend. Vor allem Frauen lassen sich von Schokolade & Co. verführen, um Überforderungsgefühle bei Stress zu kompensieren. Der Griff zu Naschereien aktiviert die Insulinausschüttung und regt die Produktion des Wohlfühlhormons Serotonin an. Wer nun aber Stress am liebsten mit Pralinen zu Leibe rückt oder dem Drang nachgibt, sich für einen harten Tag im Job mit allerlei Naschzeug zu entschädigen, hat bald nicht nur zusätzliche Pfunde um die Körpermitte angelegt, sondern sorgt zusätzlich dafür, dass sich diese Verknüpfung in sein Gehirn eingräbt. Folglich fällt es von Mal zu Mal schwerer, dem Seelentröster zu widerstehen.
3. Stress, Heißhunger, Hektik und keine Zeit zum Einkaufen – dies führt dazu, dass allzu schnell auch schnelle Lösungen gewählt werden: Burger, Currywurst, Schokoriegel. Viele Menschen nehmen sich kaum Zeit für eine ausgewogene Ernährung. Dabei gibt es zuhauf Untersuchungen, die den Zusammenhang zwischen dem häufigen Verzehr von Hamburgern, (Brat-)Würsten, Pommes sowie zuckerhaltigen Getränken und dem Ansteigen des Körpergewichts deutlich belegen.

4. Gleichzeitig mit dem Anwachsen der Fettpolster sinkt die Bereitschaft zu körperlicher Aktivität. Man wird zusehends träger und empfindet Bewegung als körperlich unangenehm. Dies macht sich durch Unlust und auch durch Erschöpfungserscheinungen wie schwere Beine oder knapper Atem bemerkbar.

Mehr Stress = mehr Bauch

Wie eine Untersuchung der London Medical School zeigt, haben Menschen, die häufiger Stressbelastung ausgesetzt sind, eine um 60 Prozent höhere Wahrscheinlichkeit, Fett am Bauch anzusetzen. Für die Studie wurden über 19 Jahre hinweg 10 000 Männer und Frauen zwischen 35 und 55 Jahren beobachtet.

Das Ergebnis: Menschen, die am Arbeitsplatz dauernd unter Druck stehen, weisen ein doppelt so hohes Risiko auf, am sogenannten Metabolischen Syndrom zu erkranken, dessen Symptome Übergewicht, hoher Blutdruck, hohe Blutfettwerte und Stoffwechselstörungen sind.

Übergewicht, Bluthochdruck, erhöhte Blutfett- oder Blutzuckerwerte vergrößern – schon jedes Symptom für sich betrachtet – das Risiko für Herz-Kreislauf-Erkrankungen, ganz abgesehen davon, dass das persönliche Wohlbefinden und die Lebensqualität erheblich Schaden nehmen.

Umso mehr Merkmale dieses «tödlichen Quartetts» aber zusammentreffen, desto mehr wächst auch die Gefahr, einen Herzinfarkt oder einen Schlaganfall zu erleiden. Mediziner gehen heute davon aus, dass die Symptome sich gegenseitig verstärken, wodurch natürlich auch das Schadensrisiko zunimmt.

Beispiel: Wenn Sie Ihren Bauchumfang messen, können Sie sich hinsichtlich eines kritisch werdenden Übergewichtes an groben Grenzwerten orientieren. Diese Grenzwerte liegen bei Frauen um die 90 und bei Männern um die 100 Zentimeter. Liegen diese Werte über dem Grenzwert, dann steigen die Risiken für Diabetes und Herzinfarkt deutlich an.

Fett verstärkt Stress

Bereits eine einzige fettreiche Mahlzeit erhöht die Stressanfälligkeit des Körpers. Dies ist das Resultat einer kanadischen Studie der Universität Calgary. Schon lange bekannt ist natürlich, dass fettreiche Ernährung an sich das Risiko für Übergewicht und Bluthochdruck erhöht. Hier wollte man kurzfristige Effekte fettreicher Ernährung auf die Stressresistenz untersuchen. Im Rahmen der Studie mussten 30 gesunde junge Erwachsene eine Nacht fasten und bekamen dann entweder ein fettreiches Burger-Frühstück oder alternativ eine fettarme Körnermahlzeit mit entrahmter Milch und Joghurt. Beide Varianten hatten exakt die gleiche Kalorienzahl.

Zwei Stunden später setzten die Mediziner die Teilnehmer psychischem und körperlichem Stress aus: Sie hatten komplizierte Mathematikaufgaben zu lösen, mussten über ein emotionsbelastetes Thema vor Publikum referieren oder den Arm in eiskaltes Wasser tauchen. Das Ergebnis war jeweils sehr eindeutig: Jene Probanden, die fettreich gefrühstückt hatten, reagierten hinsichtlich Blutdruck, Puls und Gefäßwiderstand stärker auf die Stressbelastung als jene mit dem Körnerfrühstück. Bei ihnen stieg beispielsweise der Blutdruck während den Stresssituationen eineinhalbmal so stark wie bei jenen, die fettarm gefrühstückt hatten.

Die Stressspirale

Wenn wir uns häufig gestresst fühlen, reagieren wir oft auch zusehends dünnhäutiger auf Anforderungen, Fehler und Konflikte. Wir fühlen uns dann häufig genervt, reagieren gereizt und fühlen uns immer schneller überfordert. Gestresste Zeitgenossen fahren oft schon bei Kleinigkeiten aus der Haut, reagieren verärgert, aggressiv und feindselig. Stress lässt die Toleranzgrenze rapide sinken. Da reicht dann auch schon der berühmte Tropfen, der das Fass zum Überlaufen bringt, und man fährt regelrecht aus der Haut. Manche reagieren auf dauerhaften Druck auch mit innerem Rückzug und schotten sich zusehends von der Außenwelt ab, was sie aber nicht vor den Stressfolgen schützt. Verschluckter Groll bleibt trotzdem Groll, und verschluckte Angst bleibt trotzdem Angst – mit den bekannten Auswirkungen auf den Organismus.

Psychologisch gesehen entsteht bei Dauerstress eine regelrechte Stressspirale: Unter Stress erlebt man eine akute Herausforderung als bedrohlich – beispielsweise den eng gesetzten Abgabetermin für die Fertigstellung eines Projektes. Sofort wirft der Organismus seine klassische Stressreaktion an.

Dementsprechend steht man unter immensem Druck und treibt sich zu Höchstleistungen an, um die Gefahr des Scheiterns abzuwenden. Man macht Überstunden, verausgabt sich, nimmt Arbeit mit ins Wochenende. Das geht natürlich auf Kosten der Erholung und der Regeneration, wodurch sich die Stressanfälligkeit verstärkt und man umso leichter die nächste Herausforderung wieder als Gefahr empfindet, weil man ohnehin übermüdet, überlastet und gereizt ist usw.

Frauen und Männer erleben Stress oft unterschiedlich

Frauen scheinen tendenziell etwas stressempfindlicher zu sein als Männer. Bei dieser Einschätzung muss man natürlich die häufige Doppel- oder Mehrfachbelastung der Frauen berücksichtigen. Als berufstätige Frau gleichzeitig gefordert zu sein, Mutter- und Hausfrauenpflichten zu erfüllen ist an sich schon ein gravierender Faktor für Überlastung, umso mehr, wenn eine entsprechende Unterstützung fehlt.

Wie Untersuchungen zeigten, tendieren Frauen aber auch ganz allgemein dazu, rascher, intensiver und länger auf Stresssituationen zu reagieren als Männer. Dies scheint keine körperlichen Ursachen zu haben, sondern vielmehr kognitive Gründe. Entsprechenden Studien zufolge haben Frauen häufig

- eine geringere Fähigkeitsüberzeugung als Männer: Sie trauen sich weniger zu.
- eine geringere Kontrollüberzeugung als Männer: Sie sind weniger davon überzeugt, Abläufe steuern zu können.
- ein höheres Abhängigkeitsempfinden: Sie sind stärker als Männer durch das Feedback auf ihre Ideen und Entscheidungen beeinflussbar.

Neue Erkenntnisse aus der Stressforschung

Mittlerweile kann man also recht gut die biochemischen Aktivierungspfade beschreiben, die im Körper bei akuten oder auch chronischen Belastungen ablaufen. Auch viele der hormonellen Regelkreise sind bekannt, die bestimmen, wie der Stressauslösereiz vom Gehirn an den Körper weitergeleitet wird und was daraus folgt. In den letzten Jahren sind zahlreiche Zusammenhänge zwischen auftretendem Dauerstress und den Funktionsstörungen an unterschiedlichen Organsystemen deutlich geworden. Wie man ebenfalls herausgefunden hat, steigt der Anteil der Stresshormone im Körper mit zunehmendem Alter. Gleichzeitig stellen die entscheidenden Hirnzellen weniger Rezeptoren auf ihrer Oberfläche her und sind dadurch mehr und mehr verletzbar. Die stete Belastung durch Stresshormone kann die Zellen im Hippokampus des Gehirns töten, wie amerikanische Wissenschaftler entdeckten. Etliches deutet darauf hin, dass dauerhafter Stress diesen Prozess noch erheblich beschleunigen kann, sodass wir unter permanent hoher Stressbelastung schneller altern als unter normalen Bedingungen. Chronisch belastende Arbeits- und Lebensverhältnisse können uns also tatsächlich einige Jahre unseres Lebens kosten.

Noch nicht völlig geklärt ist jedoch, warum manche Menschen mit anhaltenden Belastungen besser zurechtkommen als andere und warum manche auf Stress eher mit psychischen Symptomen wie Schlafstörungen, Unruhe oder Gereiztheit reagieren und andere eher funktionelle Beschwerden entwickeln, und warum darüber hinaus dann auch ganz unterschiedliche Organsysteme von den Stressfolgen beeinträchtigt sein können. Es lässt sich keine zeitliche Grenze festlegen, ab der sich Stress mit Sicherheit schädlich auf den Körper auswirkt; dies ist individuell sehr verschieden. Manche erkranken früher, manche später an den Folgen von Stress.

Recht gut belegt ist inzwischen, dass einige Faktoren vor Stress am Arbeitsplatz schützen können. Eine solche Schutzfunktion wird beispielsweise der Qualität des sozialen Netzwerkes zugeschrieben, d.h., wie gut jemand im Familienkreis oder Freundeskreis integriert ist. Ob bzw. wie das Immunsystem des Körpers mit Stress fertig wird, hängt entscheidend von den sozialen Beziehungen ab.

Darüber hinaus scheint auch eine optimistische Lebenseinstellung eine bedeutsame Rolle zu spielen, auch das individuelle Level an Gelassenheit, über das jemand grundsätzlich verfügt. Optimismus gilt als eine besonders wichtige personale Ressource und als bedeutsam für die psychische und physische Gesundheit, gerade auch bei der Konfrontation mit potenziell stressauslösenden Ereignissen.

Als weiterer wichtiger Stress-Schutz-Baustein wird die sogenannte «Kontrollüberzeugung» betrachtet: Je stärker jemand davon überzeugt ist, eine Herausforderung meistern zu können, desto wirksamer scheint er vor negativen Effekten einer Stressbelastung geschützt zu sein. Auch der Grad der persönlichen Motiviertheit steht im Zusammenhang mit Stressresistenz. Eine hohe intrinsische (von innen kommende) Motivation bei der Arbeit führt nicht nur zu einer höheren Leistungsfähigkeit und gesteigerter Konzentration auf das konkrete Tun und die gewünschten Ergebnisse, sondern auch zu mehr Freude an der Arbeit.

Wie Sie den Inhalt des Buches gut für sich nutzen

Die nächsten Kapitel in diesem Ratgeber zeigen Ihnen, wie Sie Ihren persönlichen «Säbelzahntiger» nicht nur identifizieren und mit ihm zu «tanzen» lernen, sondern auch, wie Sie sich vorbeugend vor zu viel Stress schützen können. Am Stress, den Ihr Berufsalltag mit sich bringt, können Sie oft kaum etwas ändern: Eine Notaufnahmestation ist eben eine Notaufnahmestation, eine Stückgut-Disposition ist eine Stückgut-Disposition, Engpässe, Zeitdruck und Durststrecken entstehen nahezu in jeder Art von Business immer wieder neu. Vieles ist vorgegeben. Verändern können Sie aber die Art und Weise, wie Sie auf Ihre speziellen Stressauslöser künftig reagieren. Hilfreich dabei ist, genauer zu untersuchen, welche eigenen Denk-, Einstellungs- und Verhaltensmuster Sie mitbringen, die bisher dazu beigetragen haben, Stress zu schüren. Wenn Sie Ihr Stressprofil und Ihre persönlichen Ursache-Wirkungs-Ketten gut kennen, können Sie gezielt und nachhaltig negativen Stress abbauen und sich neue Einstellungen und Verhaltensweisen aneignen, die dazu führen, dass Ihr Arbeitsalltag weniger von aufwallenden Gefühlen des Ärgers, der Angst oder der Hilflosigkeit geprägt ist, sondern Sie sich selbstsicherer, optimistischer und gelassener fühlen.

Das Ziel ist nicht, keinen Stress mehr zu haben, sondern mit Ihren speziellen Säbelzahntigern so umgehen zu können, dass Sie gesund und lebendig bleiben und Ihr Alltag Ihnen viel mehr Spaß als Ärger macht.

Der Stresstyp-Test

Was löst den Stress aus?

(Testfragen und Auswertung)

Wie wir gesehen haben, sind es neben den speziellen Gegebenheiten des Arbeitsplatzes, den individuellen Arbeitsbedingungen und Anforderungen (siehe Stressoren auf S. 22/23) innere Faktoren, die Stress auslösen bzw. die bestehende äußere Stressfaktoren verstärken können. Die gerne geäußerte Behauptung, jeder mache sich seinen Stress selber, ist, in einer solchen Absolutheit formuliert, natürlich nicht richtig. Stresserzeugende Arbeitsbedingungen wie Umgebungslärm, Schichtarbeit, unklare Richtlinienkompetenzen usw. kann man nicht einfach so vom Tisch wischen, denn sie wirken belastend auf jeden Organismus. Ein Teil des Stresserlebens ist aber in der Tat «hausgemacht». Und diese internen Stressoren gilt es unschädlich zu machen. Mit Hilfe des nachfolgenden Stresstestes können Sie Ihre persönlichen Stressauslöser im Alltag einschätzen.

Und so geht es:

Nehmen Sie bitte zu jeder der folgenden Aussagen Stellung und entscheiden Sie, inwieweit jede auf Sie ganz persönlich zutrifft. Tragen Sie dazu jeweils eine Zahl zwischen 1 und 5 in das entsprechende Feld ein und lassen Sie bitte keine Aussage aus.

5 Punkte: stimmt genau
4 Punkte: stimmt weitgehend
3 Punkte: stimmt etwas
2 Punkte: stimmt eher nicht
1 Punkt: stimmt weitgehend nicht
0 Punkte: stimmt überhaupt nicht

Die Testfragen

○ Ich bin häufig unzufrieden, weil ich nicht das geschafft habe, was ich mir vorgenommen habe. (P) Punkte: ....
○ Andere können meine Gefühle leicht verletzen. (H)
  Punkte: ....
○ Abends und am Wochenende gehen mir viele berufliche Probleme und Pläne durch den Kopf. Mir fällt es dann schwer, anderen zuzuhören. (M) Punkte: ....
○ Es fällt mir schwer, Wünsche anderer abzulehnen, weil diese dann enttäuscht oder gekränkt sein könnten. (H)
  Punkte: ....
○ Erfolg ist mir wichtig – ich bin ein typischer Macher. (M)
  Punkte: ....
○ Ich lege an alles, was ich tue, hohe Maßstäbe an. (P)
  Punkte: ....
○ Ich packe vieles auf einmal an oder arbeite an mehreren Projekten gleichzeitig. (M) Punkte: ....
○ Ich frage mich oft, was andere von mir denken oder wie ich wohl auf andere wirke. (H) Punkte: ....
○ Ich mache etwas entweder richtig oder gar nicht. (P)
  Punkte: ....
○ Während des Telefonierens kann ich mich gut mit den Unterlagen auf meinem Schreibtisch beschäftigen. Einfach nur so herumzusitzen wäre doch Zeitverschwendung. (M) Punkte: ....

- Wenn mir eine Fee täglich eine Stunde mehr Zeit schenken würde, würde ich sie im Büro verbringen, um endlich in Ruhe meinen «In Arbeit»-Stapel abtragen zu können. (P) Punkte: ....
- Bei Meinungsverschiedenheiten lenke ich meist als Erster ein. (H) Punkte: ....
- Ich muss oft Dinge erledigen, die eigentlich schon am Vortag zu tun gewesen wären. (P) Punkte: ....
- Ich habe mein Handy ständig online, man weiß ja nie, ob ein wichtiger Anruf kommt. (M) Punkte: ....
- Ich vergleiche mich eigentlich ständig mit anderen und bin selten richtig zufrieden mit mir. (P) Punkte: ....
- Ich gebe häufig um des lieben Friedens willen nach. (H) Punkte: ....
- Ich mache am liebsten alles selbst, denn dann weiß ich, dass es ordentlich gemacht wird. (P) Punkte: ....
- Ich stelle meine Tagesplanung mehrfach um, weil immer wieder Neues passiert. (M) Punkte: ....
- Wenn ich nicht genau weiß, was von mir erwartet wird, werde ich nervös und mache Fehler. (H) Punkte: ....
- Erfolg ist das Ziel: Je mehr ich schaffe, umso besser. (M) Punkte: ....
- Ich lege auch unter Zeitdruck Wert auf äußerst genaue Arbeit. (P) Punkte: ....
- Wenn mich jemand unhöflich oder ungerecht behandelt, ist mir der Tag verdorben. (H) Punkte: ....
- Wenn ich nicht weiß, wie ich eine Aufgabe perfekt erledigen kann, schiebe ich sie oft vor mir her. (P) Punkte: ....
- Ich werde ungeduldig, wenn Dinge zu langsam vorangehen. (M) Punkte: ....
- Ich vermeide es, Kritik zu äußern. (H) Punkte: ....

○ Dominant auftretenden Menschen gegenüber fühle ich mich schnell unterlegen. (H) Punkte: ....
○ Wenn ich etwas nicht hundertprozentig hinkriege, dann mache ich mir selbst Vorwürfe deswegen. (P) Punkte: ....
○ Ich hinke häufig hinter meinem Arbeitspensum her, weil ich sorgfältig bin und alles richtig machen will. (P)
Punkte: ....
○ Wenn unter Zeitdruck besonders viel zu tun ist, dann laufe ich zur Höchstform auf. (M) Punkte: ....
○ Es fällt mir schwer, Nein zu sagen und zusätzliche Termine oder Projekte abzulehnen, obwohl ich weiß, dass ich dann zeitlich in Bedrängnis komme. (H) Punkte: ....
○ Für brandeilige Aufgaben lasse ich sehr schnell alles stehen und liegen. (M) Punkte: ....
○ Größere Projekte wachsen mir manchmal über den Kopf, weil mir auch Details sehr wichtig sind. (P) Punkte: ....
○ Mir ist ein gutes Betriebsklima wichtiger, als für meine Rechte einzutreten oder offen meine Meinung zu sagen. (H) Punkte: ....
○ Ich habe das Gefühl, dass mich Kleinigkeiten ständig abhalten, mich um die wichtigen Dinge zu kümmern. (M)
Punkte: ....
○ Es belastet mich, wenn ich mehrere Dinge gleichzeitig zu erledigen habe. (P) Punkte: ....
○ Ich bemühe mich, es anderen recht zu machen. (H)
Punkte: ....
○ Wenn Mitarbeiter schwer von Begriff sind, könnte ich ausrasten. (M) Punkte: ....
○ Wenn jemand mich kritisiert oder mit meiner Leistung unzufrieden ist, dann geht mir das lange nach. (H)
Punkte: ....

○ Menschen, die ungenau arbeiten, nerven mich. (P)
  Punkte: ....
○ Ich reagiere gereizt und ungeduldig, wenn etwas nicht so läuft, wie geplant – vor allem langsame und umständliche Leute nerven mich. (M) Punkte: ....
○ Wenn andere mir bei der Arbeit zusehen, fühle ich mich unwohl. (H) Punkte: ....
○ Meine Planung ist grundsätzlich straff. Für Störungen und Überraschendes ist kein Platz. (M) Punkte: ....
○ Wenn ein Kollege aggressiv ist und mich mit Worten angreift, versuche ich sofort, ihn zu beschwichtigen. (H)
  Punkte: ....
○ Unklare und unsichere Situationen hasse ich; ich bekomme dann schnell das Gefühl, dass mir alles über den Kopf wächst. (P) Punkte: ....
○ Ich habe so viel zu tun, dass ich eigentlich nur auf die Tagesereignisse reagieren kann. (M) Punkte: ....

Bitte achten Sie auf die Buchstaben am Ende jeder Aussage und zählen Sie Ihre Punkte in den einzelnen Kategorien zusammen:
(P) = ... Punkte, Profil: «Der Perfektionist»
(H) = ... Punkte, Profil: «Der Harmonieorientierte»
(M) = ... Punkte, Profil: «Der Schnelle Macher»

Je höher Ihre Punktzahl in den einzelnen Kategorien (P), (H) und (M) ist, desto klarer ist das jeweilige Profil. Ab einer jeweiligen Punktzahl von über 40 kann man von deutlicher Ausprägung sprechen. Es ist aber auch gut möglich, dass Sie in zwei der drei Kategorien zu gleich hohen Punktzahlen kommen, dass Sie sich also beispielsweise sowohl häufig perfektionistisch als auch häufig harmonieorientiert verhalten, oder Sie agieren als Schneller Macher, streben aber auch Perfektion an. Hier empfiehlt es sich dann, aus den beiden dominanten Kategorien diejenigen Stressless-Maßnahmen auszuwählen, zu denen Sie sich am meisten hingezogen fühlen und die Sie in Ihrem persönlichen Arbeitsalltag für am handhabbarsten halten.

Der Schnelle Macher

Ihr großer Vorzug: Sie sind sehr verantwortungsbewusst und packen Probleme aktiv an. Sie scheuen sich nicht vor unbequemen Entscheidungen und arbeiten ausgesprochen erfolgsorientiert.

Ihr Säbelzahntiger ist die Zeit, die Ihnen stets und ständig im Nacken sitzt. Sich angetrieben zu fühlen ist Ihnen zur zweiten Natur – vielleicht eher schon zur ersten Natur – geworden. «Zeit ist Geld» – dieser Spruch könnte gut als Ihr Lebensmotto gelten. Eigentlich haben Sie es immer eilig, alles muss möglichst schnell gehen. Ineffektivität und Trödeln bringen Sie auf die Palme. Ihre Kollegen schätzen Sie als Problemlöser, bleiben aber wegen Ihrer Unruhe und häufigen Gereiztheit persönlich lieber auf Distanz.

Eine hohe Leistungsbereitschaft genießt gesellschaftlich großes Ansehen. Ist sie aber übermäßig stark ausgeprägt, überlagert sie alle anderen Aspekte der Wahrnehmung und verengt den Fokus auf das Nützliche. Wenn Sie als Schneller Macher mit anderen Menschen zusammen sind, gilt Ihr vorrangiges Interesse der Frage, wer Ihnen wie nützlich sein könnte. Dabei ergreifen Sie oft die Initiative, stoßen vieles an und setzen andere in Bewegung. Sie sind sehr ehrgeizig, haben viel Energie und ziehen viel Befriedigung aus Ihrer hohen Leistungsfähigkeit, Sie werden aber auch sehr schnell ungeduldig. Unter Druck neigen Sie dazu, keine Prioritäten mehr setzen zu können und fühlen sich dann für alles zuständig. So schlägt Ihre Tatkraft öfter auch in Selbstüberschätzung und Selbstüberforderung um. Dabei geraten Sie immer wieder an die Grenze Ihrer Leistungsfähigkeit, denn Erholungsphasen sind für Sie «Zeitverschwendung» und kommen chronisch zu kurz. Aufgrund Ihrer erhöhten «Betriebstemperatur» fällt es

Ihnen ohnehin eher schwer, zur Ruhe zu kommen. Wenn Sie – wie viele Schnelle Macher – eine robuste Konstitution haben, verausgaben Sie sich lange Zeit, bis es negative Konsequenzen nach sich zieht. Sie vernachlässigen dabei oft Ihre Wünsche und Bedürfnisse. Dies kann so weit gehen, dass Sie sie nahezu nicht mehr wahrnehmen. Körpersignale, die auf Dauerstress hinweisen, pflegen Sie zu übergehen – bis ein Wegschauen nicht mehr möglich ist.

Der Perfektionist

Ihr großer Vorzug: Sie sind gewissenhaft, geben sich nicht mit Halbheiten zufrieden und setzen sich aktiv für gute Ergebnisse ein.

Ihr Säbelzahntiger ist die gnadenlos hohe Messlatte, die Sie an Ihre Leistung und an die anderer anlegen. Ihnen entgeht kaum etwas. Sie sind Ihr eigener schärfster Kritiker, und Ihre Kollegen empfinden Sie zwar als korrekt, aber manchmal auch als intolerant.

Gute Arbeit leisten bedeutet für Sie vorrangig: Perfektion anstreben. Sie stellen sehr hohe Ansprüche an sich selbst und an Ihre Umgebung und haben genaue Vorstellungen davon, wie Sie sich zu verhalten haben und wie Aufgaben zu erledigen sind. Diese hohe Messlatte ist Ihnen zur zweiten Natur geworden. Unentwegt machen Sie Soll-Ist-Vergleiche und sind selten wirklich zufrieden. Da Sie meist die Kritiker-Brille auf der Nase haben, bemerken Sie sofort das sprichwörtliche Haar in der Suppe. Infolge Ihres hohen Anspruchs an sich selbst sind Sie häufig sehr angespannt und ärgern sich leicht über sich und andere, wenn die Dinge nicht rund laufen.

Sie sind sehr aktiv, nahezu ständig beschäftigt – ja, eigentlich immerzu am Arbeiten. Insbesondere das «Nach-Arbeiten» ist für Sie ein geläufiges Thema, da Sie oft den Aufwand für eine Aufgabe unterschätzen. Trotzdem vermeiden Sie es, Arbeit zu delegieren, denn dies würde Ihnen die Kontrolle darüber entziehen, dass die Dinge in Ihrem Sinne erledigt werden. Gelegentlich stehen Sie sich mit Ihrem

Anspruch selbst im Wege und verlieren zugunsten von Details das große Ganze aus den Augen oder beginnen, Dinge aufzuschieben, weil Sie an Ihrer Lösungskompetenz zweifeln. Eigentlich sind Sie nie wirklich «fertig», sondern es gibt aus Ihrer kritischen Sicht heraus immer noch etwas, was getan werden könnte. Das macht es Ihnen schwer, nach der Arbeit abzuschalten und sich zu entspannen. Andere sollen nichts an Ihnen und Ihrer Leistung auszusetzen haben. Im Zweifelsfall nehmen Sie lieber Arbeit mit nach Hause, als dass Sie sich eine Blöße geben. Das Streben nach Perfektion ist eine unendliche Mühe, und Sie kommen niemals wirklich zum Ziel. Das führt zu Verunsicherung und einem Abbau des Selbstvertrauens – und sorgt zudem dafür, dass Sie sich an Erreichtem nicht freuen können.

Der Harmonieorientierte

Ihr großer Vorzug: Sie sind ein Hüter des guten Betriebsklimas, sehr kompromissbereit, und Sie können sich gut in andere einfühlen.

Da Sie sich bemühen, es allen recht zu machen, haben Sie es mit einem ganzen Rudel von Säbelzahntigern zu tun: nämlich mit all jenen Menschen, denen Sie sich verpflichtet fühlen und von denen Sie möchten, dass sie eine gute Meinung von Ihnen haben. Immer wieder vergewissern Sie sich, ob Sie auch alles so gemacht haben, wie es den Anforderungen entspricht oder wie der Chef oder die Kollegen es haben wollen.

Gute Arbeit leisten bedeutet für Sie vorrangig: Anerkennung ernten. Sie möchten einen positiven Eindruck machen und scheuen davor zurück, sich der Kritik auszusetzen. Andere sollen Sie sympathisch finden. Wer bei Ihnen anklopft, weil er noch schnell etwas erledigt haben will, tut dies kaum je vergebens. Dies führt zu Überlastung, denn Sie bewegen sich bei jedem reflexartigen «Ja» einen weiteren Schritt auf den Dauerstress zu. Auf lange Sicht betrachtet heißt das, dass Sie Ihr eigentliches Aufgabengebiet nicht mehr in der vorgesehenen Zeit bewältigen können, weil Sie andere unterstützen. Während Sie bei Lob und Anerkennung aufblühen, leiden Sie unter einer missgünstigen Arbeitsatmosphäre ganz besonders. Konflikte zwischen Kollegen sind Ihnen ein Gräuel. Menschen, die Sie nicht einschätzen können, verunsichern Sie. Wenn Sie die Wahl hätten, eigene Vorstellungen durchzusetzen oder einen sympathischen Eindruck zu machen, würden Sie sich auf jeden Fall für die Sympathie entscheiden. Typisch für Sie ist die Unterordnung Ihrer Interessen zum Wohl der Gruppe. Dadurch «verschlucken» Sie natürlich oft Ärger und Zorn und verkneifen sich, eigene Vorstellungen einzubringen, unangenehme Themen anzusprechen oder Kritik zu äußern. Ihr Harmoniestreben kann auch dazu führen, von Ihren Kollegen nicht richtig ernst genommen zu werden – woraufhin Sie sich in der Regel noch mehr ins Zeug legen, um die Ihnen wichtige Anerkennung zu erhalten. Dadurch sind Sie jedoch sehr manipulierbar, vor allem für Leute, die Aufgaben gerne anderen aufbürden.

Der Tanz mit dem Tiger

Handlungsmöglichkeiten in den 4 Stressphasen

Führen wir uns den klassischen Ablauf einer Stressreaktion nochmals vor Augen:
- Orientierungsphase
- Alarmphase
- Anpassungsphase
- Erholungsphase

Orientierungsphase
Beeinflussbar:
- Stressauslöser
- stresserzeugende Einstellungen
- innere Antreiber
- Eigenwahrnehmung

Alarmphase
Beeinflussbar:
- Gedankenstopp
- Ablenkungen
- Atmung,
- innerer Dialog

Erholungsphase
Beeinflussbar:
- Ruhe-Inseln
- Gezielte Entspannung und Erholung
- Ernährung
- Schlaf
- Freizeitaktivitäten

Anpassungsphase
Beeinflussbar:
- Körperliche Aktion direkt nach der Stressreaktion
- Bewegung und Sport in der Freizeit

Auch wenn manche Situationen vorgegeben und nicht so einfach zu verändern sind, so stehen wir trotzdem dem Phänomen «Stress» nicht einfach nur hilflos gegenüber, sondern wir können in den verschiedenen Phasen des Ablaufs gezielt gegensteuern.

Während die Orientierungsphase dazu dient herauszufinden, welche inneren und äußeren Stressauslöser wirksam sind, um dann gezielt die Anzahl der Stressreaktionen zu vermindern, sind in der Alarmphase Aktionen zur Dämpfung der Alarmreaktion gefragt. In der Anpassungsphase ist körperliche Aktion das A und O, und in der Erholungsphase stehen Entspannung, Loslassen und Regeneration im Vordergrund. Die vier Stressphasen bedingen einander und bilden einen Kreislauf, der immer in der gleichen Richtung abläuft.

Aus diesem Kreislauf ergibt sich, dass die einzelnen Strategien, mit denen Sie Ihren Stress künftig entschärfen, gleichfalls miteinander vernetzt sind. Alles hat mit allem zu tun. Wenn Sie beispielsweise eine innere Einstellung ändern, werden Sie aufgrund veränderter Gedanken auch anders empfinden und sich anders verhalten. Die einzelnen Teilsysteme im Organismus erhalten andere Informationen und reagieren anders als vorher – Ihre Muskeln sind lockerer, Ihr Atem tiefer, Ihr Blutdruck normalisiert sich usw. Daraus folgen wieder entsprechende Rückkoppelungen auf Ihre Gedankenwelt.

Ebenso funktioniert dies, wenn Sie Ihren Stressless-Plan damit beginnen, eine Entspannungstechnik zu erlernen, und Sie sie regelmäßig anwenden: Dann beeinflusst dies sowohl Ihre Gedanken als auch Ihre Gefühle, Ihren Blutdruck, Ihre Muskulatur usw. Sie reagieren ruhiger und überlegter, wo Sie bisher schnell von null auf hundert waren. Die Entspannung wirkt sich damit präventiv wieder auf mögliche neu auftretende potenzielle Stresssituationen aus.

Die einzelnen Teilsysteme Ihres Organismus «sprechen» also unentwegt miteinander und reagieren auch unmittelbar aufeinander. Genau dies lässt sich gut nutzen, um Dauerstress-Kreisläufe in Stressbewältigungs-Kreisläufe umzuwandeln.

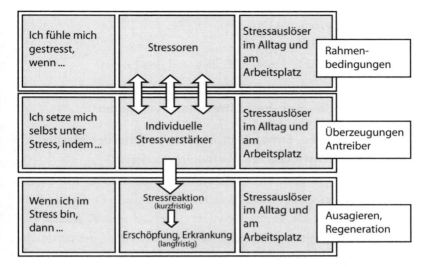

Beim Stressbewältigungs-Kreislauf gilt es also herauszufinden, welche Rahmenbedingungen am Arbeitsplatz und in Ihrem Privatleben bei Ihnen Stress auslösen. Dann sind Sie gefordert, Strategien zu finden, um die Rahmenbedingungen entweder zu verändern oder sich mit ihnen zu arrangieren oder allenfalls auch den weit reichenden Entschluss zu fassen, sich den Rahmenbedingungen nicht länger auszusetzen.

Besonders wichtig ist es herauszufinden, womit Sie selbst sich unter Druck setzen. Dabei spielen natürlich Ihre stresstypspezifischen Überzeugungen und Antreiber eine große Rolle. Gelingt es, diese außer Kraft zu setzen, sie abzuschwächen oder umzuwandeln, dann kehrt fast schon automatisch mehr Ruhe in Ihr Leben ein.

Weiterhin ist es natürlich auch wichtig, ausgelöste Stressreaktionen besser als bisher managen zu können – d.h., dass Sie lernen, mit Ihrem speziellen Säbelzahntiger zu tanzen, statt mit ihm zu kämpfen oder permanent die Flucht antreten zu müssen, und dass Sie konsequent darauf achten, sich genügend Regenerationszeit zuzugestehen.

Stressbewältigung ist also dann am effektivsten, wenn wir folgendermaßen vorgehen:

- an den Stressphasen orientiert,
- typspezifisch,
- ganzheitlich, d.h. Denken, Fühlen und den Körper.

In der Orientierungsphase: Stressalarm vermeiden

(Mit den speziellen Stressless-Plänen für den Schnellen Macher, den Perfektionisten und den Harmonieorientierten)
Dieses Kapitel ist das umfangreichste des ganzen Buches. Mit gutem Grund: Der Stress, der nicht entsteht, braucht weder bekämpft noch bewältigt zu werden. In der Orientierungsphase geht es darum, was genau der Organismus als bedrohlich einstuft, sodass der automatische Alarm ausgelöst wird. Wie wir gesehen haben, sind das zum einen Ihre konkreten Arbeits- und Lebensbedingungen und die Anforderungen, die Ihr Job, Ihr Chef, Ihre Kollegen, Ihr Partner, Ihre Familie usw. an Sie stellen, zum anderen ist es der Druck, den Sie sich selbst machen. Diese beiden Faktoren verursachen in der Orientierungsphase Ihren Stress, und sie wirken verstärkend – oder wenn Sie ein erfolgreiches Stressmanagement betreiben entschärfend – aufeinander ein. Wenn Ihr Organismus beim Auftauchen eines bestimmten, dominant auftretenden Menschen nicht mehr automatisch «Gefahr, Gefahr!» trommelt, dann können Sie dem Ekelpaket viel gelassener und überlegter gegenübertreten. Er empfängt dann auch sofort ganz andere Signale von Ihnen.

Nehmen wir an, Sie sollen eine Powerpoint-Präsentation über die Entwicklung einer bestimmten Abteilung im Unternehmen vorbereiten. Zum – knapp gesetzten – Präsentationstermin sind sowohl die Ressortchefs als auch jemand von «ganz oben» eingeladen. Es geht also um etwas: Gute Leistung ist gefordert. Eine stressträchtige Situation, ganz klar, doch je nach Stress-Profil empfinden Sie andere Aspekte dieser Situation als besonders herausfordernd.

Jemand mit dem Profil «Perfektionist» beispielsweise setzt sich durch seine hohen Anforderungen an sich selbst massiv unter Druck (Das muss die beste Präsentation werden, die hier je gemacht wurde!) und gerät angesichts des Zeitdrucks in Gefahr, sich in Details zu verheddern. Jemand, der stark auf die Anerkennung durch andere angewiesen ist, dem wird die hochkarätige Besetzung in seiner Zuhörerschaft zur Quelle ständiger Anspannung (Was mache ich bloß, wenn ich «durchfalle»?). Und jemand, dem überwiegend der Termindruck im Nacken sitzt, wird diese und dazu noch drei weitere Aufgaben, die ebenfalls drängen, gleichzeitig zu bewältigen versuchen – mit der Gefahr, dass vielleicht jedes der drei Ergebnisse nachgebessert werden muss.

An jedem neuen Arbeitstag gibt es zig Situationen, in denen man Gefahr läuft, immer wieder die eigenen stresserzeugenden Muster zu bedienen. Diese gilt es nun umzusteuern.

Sinn und Zweck dieses Umsteuerns ist es, resistenter gegenüber Stressoren aus der Umgebung und auch gegenüber inneren Stressoren zu werden, sodass der Stressalarm seltener ausgelöst wird und somit die schädlichen Folgen eines Zuviels an Stress automatisch vermieden werden.

Stressauslöser identifizieren und abbauen

Was macht Ihnen zu schaffen? Wo fühlen Sie körperlich den Druck? Welches sind typische Situationen, in denen Sie unter Stress geraten? Erstellen Sie dazu zunächst ein persönliches Stressalarm-Profil. Damit analysieren Sie zum einen, wie die Situationen beschaffen sind, in denen bei Ihnen Stressalarm ausgelöst wird, und zum anderen, was in Kopf und Körper dann los ist. Sie sehen damit deutlicher, wie Ihre speziellen Säbelzahntiger beschaffen sind, und registrieren sensibler, welche Signale den Stressalarm ankündigen.

Woran merken Sie, «wann es losgeht»? Was nehmen Sie wahr? Führen Sie dazu ein Stressprotokoll, in dem Sie eine Woche lang Ihre Beobachtungen festhalten. Legen Sie für jeden Wochentag ein Blatt an und teilen Sie es entsprechend nachfolgendem Schema auf.

Wochentag:

Uhrzeit	Stress-auslöser	Stress-symptome	Gedanken	Gefühle	Kategorie

Notieren Sie hier beispielsweise Geschehnisse wie den Ärger über einen unkooperativen Kollegen, die Hetze, einen Termin noch einzuhalten, oder das Lampenfieber vor der Mitarbeiterbesprechung, in der Ihr Konzept zur Diskussion steht.

Hierher gehören auch erlebte Konflikte, Sorgen, Befürchtungen, bestimmte Rollen, die Sie einnehmen, Namen von Menschen, die Ihnen Stress verursachen, anstrengende Begegnungen und Situationen, die Sie öfter erleben, usw., einfach alles, was bei Ihnen die wohlbekannte Säbelzahntiger-Reaktion auslöst.

Die Uhrzeiten mit einzutragen ist deswegen wichtig, um festzustellen, ob Sie vielleicht zu bestimmten Tageszeiten besser mit Stress umgehen können als zu anderen Zeiten.

In der Regel bemerken Sie recht gut, wenn der Stressalarm losgeht, denn er ist von ganz individuellen körperlichen Symptomen begleitet. Mundtrockenheit, Kopfschmerzen, Sodbrennen, Übelkeit, Verspannungen des Nackens, der Schultern oder ganzer Körperpartien usw. sind beispielsweise Warnzeichen des Körpers, dass die Stressschwelle überschritten wird. Bekommen Sie bei Stress eher Kopfschmerzen oder zieht es im Nacken? Schmerzt der Rücken oder haben Sie starkes Herzklopfen? Haben Sie Schwierigkeiten einzuschlafen oder wachen Sie mitten in der Nacht auf, um dann Probleme zu wälzen? Gedanken wie beispielsweise «Schnell, schnell», «Ich sollte doch noch ...», «Das schaff ich doch nie» usw., flankiert von starken Angst- oder auch Ärger-Gefühlen, begleiten in der Regel die Alarmreaktion.

Listen Sie all Ihre Stressauslöser und die Begleitsignale auf. Sortieren Sie nach Ihrer gefühlsmäßigen Einschätzung alle Vorkommnisse in drei Kategorien ein:
1. Bereitet mir ein wenig Stress
2. Bereitet mir mittelstarken Stress
3. Bereitet mir in sehr starkem Maße Stress

Wählen Sie nach Ablauf der Woche diejenigen Stressauslöser aus, die am häufigsten zum Zuge kamen, und jene, die Sie als am stärksten belastend empfanden. In welchen Situationen geschieht dies? Welche Personen sind beteiligt?

Machen Sie ein Ranking der stärksten Stressauslöser. Je genauer Sie die für Sie persönlich am meisten als belastend empfundenen Situationen herausfinden und hinterfragen, desto klarer wird auch, was Stress für Sie bedeutet, und vor allem, was genau die kritischen Faktoren sind. Damit schaffen Sie eine Basis zur Abschwächung oder Beseitigung Ihrer individuellen Stressauslöser. Was genau sind die Stressauslöser an Ihrem Arbeitsplatz? Das ist nicht pauschal «alles», das sind bestimmte Situationen, bestimmte Aufgabenstellungen und vielleicht auch bestimmte Personen. Was genau löst Stress in Ihrem Privatleben aus? Was strengt Sie an? Was tun Sie, obwohl Sie es nicht tun wollen – und warum? Was verdirbt Ihnen regelmäßig die Stimmung? Was geht Ihnen unentwegt im Kopf herum und lässt Sie vielleicht auch immer wieder in Schweiß ausbrechen? Wenn Sie genauer über sich selbst und Ihre Reaktionen Bescheid wissen, können Sie viel effektiver die

Schritte zur Stressminimierung einleiten, als wenn Sie nur auf einer ganz allgemeinen Ebene arbeiten.

Gestalten Sie Ihr individuelles Stressposter
Nehmen Sie Ihre Wochen-Tabelle zur Hand und gestalten Sie dann aus Ihren hauptsächlichen Stressauslösern ein Stressposter. Nehmen Sie dazu ein Blatt Papier im Format DIN A3 oder DIN A2 und schreiben Sie ins Zentrum des Blattes das Wort «Stress». Tragen Sie dann auf diesem Blatt die Ergebnisse Ihrer Stressalarm-Erkenntnisse ein. Dabei steht die Mitte des Blattes für diejenigen Stressoren, die Sie als am stärksten, am unangenehmsten und als am meisten belastend erleben. Vom Zentrum nach außen hin nimmt die Stressbewertung dann graduell ab: Je weiter innen, desto stärker, je weiter außen angesiedelt, desto schwächer ist der jeweilige Stressor einzustufen. Wichtig: Hier gibt es kein «Richtig» oder «Falsch», was die einzelnen Stressoren angeht, d.h., wie wirksam diese «objektiv» sein sollten – nein, es geht darum, wie Sie sie individuell empfinden.

Stressposter: Beispiel

Das Stressposter hilft Ihnen dabei, einen noch besseren Überblick über die Intensität des Stresserlebens zu bekommen, so, wie es sich momentan darstellt. Sie sehen hier auf einen Blick, wer oder was bei Ihnen wie stark Stressalarm auslöst, und auch, wo Sie ansetzen können, um etwas zu ändern.

Betrachten Sie als Erstes auf Ihrem Stressposter die Faktoren, die dem Stresszentrum am nächsten stehen. Wenn Sie bei diesen Stressauslösern etwas verändern können, so ist das natürlich effektiver als bei jenen, die Sie eher am Rand angesiedelt haben. Andererseits ist es so, dass die am Rand gelegenen Punkte oft einfacher in den Griff zu kriegen sind und sich daher gut zum Einstieg in das Stressbewältigungs-Training eignen.

Entfährt Ihnen jetzt ein ganz spontanes «Das geht sowieso nicht, weil ...», dann haken Sie den Punkt trotzdem nicht gleich ab. Fragen Sie sich ernsthaft, ob Sie die täglichen Erfahrungen in Beruf und Privatleben nur als eine Abfolge zufälliger, schicksalhafter Ereignisse sehen, denen Sie einfach nur ausgeliefert sind. Hinterfragen Sie, ob Sie das eigene Wohlergehen von Einflussfaktoren abhängig machen, auf die Sie selbst keinen Einfluss zu haben glauben. Vielleicht übersehen Sie, dass Ihre eigene Realität mittel- und langfristig gesehen, überwiegend durch die Art und Weise bestimmt wird, wie Sie auf das reagieren, was Ihnen tagtäglich begegnet, Ihre «Daily Hassles».

Stress wird oft allein schon deswegen ausgelöst, weil man eine negative Situation als unveränderlich sieht, sich aber innerlich dagegen auflehnt – ohne dass dieser innere Widerwille zu etwas Konkretem führt. Man erlebt deshalb Stress, weil man sich selbst als entsprechend überfordert oder sogar als hilflos erlebt, mit Ärger, Befürchtungen und Niedergeschlagenheit als Begleitprogramm. Um es etwas drastischer zu formulieren: Weitermachen wie bisher bedeutet, möglicherweise in naher oder ferner Zukunft von Burnout betroffen zu sein, einen Herzinfarkt oder einen Schlaganfall zu erleiden oder von einer anderen Dauerstress-Folgeerscheinung. Wenn Sie sich eine Waage vorstellen, wo auf der einen Seite der Herzinfarkt in der Waagschale liegt und auf der anderen Seite der Stressor, den Sie einer Prüfung unterziehen wollen, dann wird deutlich, worum es eigentlich geht. Was ist es wirklich wert, dass Sie ernsthaft erkranken?

Es lohnt sich also, keinen der Punkte einfach abzutun, sondern unterziehen Sie alle Punkte ganz bewusst einer genauen Prüfung.

Stressoren entschärfen heißt, langfristig individuelle stressauslösende Bedingungen so zu verändern, dass seltener als bisher Stressalarm ausgelöst wird. Ein Stressalarm, der nicht ausgelöst wird, bedarf auch keines Einsatzes von Stressbewältigungsstrategien, von daher erzielt eine Intervention in der Orientierungsphase die effektivste Wirkung.

Stressfaktoren-Check: Change it, love it or leave it
Die Erkenntnis, dass ausschließlich die individuelle persönliche Bewertung einer Situation für die Stressalarm-Reaktion verantwortlich ist, eröffnet Wege, Stressoren als hilfreiche Signale für notwendige Veränderungen im Denken und Handeln zu verstehen. Durch systematisches Überlegen und Planen können Sie weitaus effektiver Lösungen für häufig auftretende und starke Stressoren erarbeiten. Außerdem können Sie sich damit generell besser auf Belastungen vorbereiten und damit deren bislang stressauslösende Wirkungen abschwächen oder ganz abstellen.

Bei jeder der Sie stressenden Situationen, Umstände, Begegnungen usw. haben Sie immer genau drei Möglichkeiten, damit umzugehen und entsprechende Entscheidungen zu treffen. Wenn Sie etwas nicht mehr wollen, Sie sich von etwas überfordert und deswegen zunehmend lebensunfroh fühlen, dann gilt: Entweder Sie ändern es, Sie nehmen es an, oder Sie lassen es los (Change it, love it or leave it). In genau dieser Reihenfolge. Würde diese Regel konsequent angewandt, ließen sich viele alltägliche Stressquellen schnell abstellen oder abmildern. Stattdessen hadert man oft lange mit der Situation oder regt sich immer wieder darüber auf, dass die Lage so ist, wie sie ist (was

Stress auslöst), man beklagt sich oder gibt anderen die Schuld (was nur scheinbar entlastet), oder man versucht, sich zu betäuben, mit Frustkäufen, Alkohol, zu viel Essen usw. (was auf jeden Fall eine Sackgasse ist und die Sache noch schlimmer macht). Unter Stress machen viele Menschen oft immer wieder dieselben Fehler, tragen teilweise jahrelang die gleichen Stressoren mit sich herum, ohne sich jemals intensiv mit ihnen auseinanderzusetzen.

Der Situation, so, wie sie ist, ins Auge zu sehen und nach sorgfältigem Abwägen eine Entscheidung zu treffen setzt hingegen Energie frei und hebt Ihre Stimmung. Bei reiflicher Überlegung in entspannter Situation gelingt es oft eher, sich der eigenen Schwachstellen und der eigenen Möglichkeiten bewusst zu werden. Schicken Sie also alle Ihre Stressoren auf dem Stressposter durch nachfolgende Prüfung:

Change it
Stellen Sie sich dem, was Sie als stressauslösend erleben, und fragen Sie sich als Erstes:
- Will ich wirklich etwas an der Situation verändern?
- Wenn ja, was soll anders werden?
- Welche Lösungsalternativen gibt es?

Sammeln Sie zunächst möglichst viele Handlungsmöglichkeiten und lassen Sie dabei Ihrer Fantasie freien Lauf. Vermeiden Sie es, die Anzahl der Lösungen durch vorzeitige Kritik einzuschränken. Beziehen Sie auch das Verhalten anderer Menschen in ähnlichen Situationen in Ihre Überlegung mit ein bzw. fragen Sie Freunde, Kollegen etc., was sie Ihnen raten würden.

Bewerten Sie anschließend die Lösungen. Überprüfen Sie dabei die einzelnen Lösungsvorschläge auf ihre Konsequenzen hin. Betrachten Sie kurzfristige ebenso wie langfristige Folgen für sich selbst und für andere Beteiligte. Stellen Sie Vor- und Nachteile einander gegenüber und sortieren Sie ungeeignete Vorschläge aus. Wählen Sie dann

die vielversprechendste Alternative aus und fragen Sie sich, wie Sie diese am besten umsetzen können:
- Was brauche ich dazu?
- Mit wem muss ich reden oder verhandeln?
- Was ist der erste Schritt?
- Wer könnte mich unterstützen?
- Wie gehe ich vor, was tue ich wann und in welcher Reihenfolge?

Erstellen Sie aus den Antworten auf diese Fragen einen konkreten Handlungsplan. Wichtig ist, dass Sie sich genug Zeit zur Verwirklichung nehmen und Sie sich nicht zu viel auf einmal vornehmen.

Erproben Sie Ihren Handlungsplan und ziehen Sie nach einiger Zeit Bilanz:
- Hat sich das Problem bzw. die Situation zum Positiven hin verändert?
- Was genau hat sich verändert?
- Erleben Sie weniger Stress als vorher? Deutlich weniger? Woran macht sich das fest?
- Was hat sich noch verändert?

Haben Sie den Eindruck, keine befriedigenden Veränderungen erreicht zu haben, dann gehen Sie zu früheren Schritten zurück. Wählen Sie beispielsweise die nächste Lösung in Ihrer Lösungshierarchie oder stellen Sie sich die grundsätzliche Frage «Change it, love it or leave it» noch einmal neu.

Love it

Lässt das Problem bzw. die Situation sich nicht verändern, dann versuchen Sie, sich mit ihr anzufreunden, sich damit zu arrangieren, statt sich täglich aufs Neue darüber aufzuregen. Fragen Sie sich dann:
- Welche guten Seiten hat die Situation?
- Wie kann ich es mir erträglicher machen?

- Wie kann ich dem Status Quo etwas abgewinnen?
- Wie kann ich vielleicht auch spielerischer damit umgehen?

Leave it

Wenn Ihnen weder eine Änderung noch ein Arrangement möglich ist, dann lassen Sie die Sache hinter sich. Sicher, das sagt sich so leicht. Doch letztendlich: Was haben Sie von einem Job, einer Beziehung, einer Funktion, wo Sie das Gefühl haben, in einer unannehmbaren Sackgasse zu stecken, in einer Tretmühle, in der Sie sich ohne erkennbaren Sinn Tag für Tag aufs Neue aufreiben? Was haben Sie davon, wenn der Stressalarm losschrillt, wenn Sie nur daran denken? Fragen Sie sich also bei jeder Situation, die sich nicht verändern lässt und mit der Sie sich auch nicht arrangieren können:

- Wie kann ich dafür sorgen, dass ich mich dieser Stresssituation nicht mehr aussetzen muss?
- Will ich mich tatsächlich ganz davon abwenden?
- Was ist der Preis dafür, welche Risiken, Nachteile oder Verluste könnte dies nach sich ziehen?
- Will ich es trotzdem tun?
- Welche Schritte sind dazu notwendig?
- Bis wann will ich das umsetzen?

Wenn Sie alle Punkte auf Ihrem Stressposter geprüft haben, dann setzen Sie hinter jeden Punkt ein kleines Symbol:
- einen Blitz, wenn Sie diese Geschichte endlich in die Hand nehmen und etwas ändern wollen.
- ein Herzchen, wenn Sie sich mit der Sache arrangieren wollen.
- einen Pfeil, wenn Sie die Situation los-lassen und ver-lassen wollen.

Schreiben Sie zusätzlich auch dazu, bis wann Sie eine der drei Möglichkeiten umsetzen wollen:

- Bis wann wollen Sie die Situation ändern?
- Bis wann wollen Sie sich mit der Situation arrangieren?
- Bis wann wollen Sie die Situation hinter sich lassen?

Wenn Sie ein solches Poster anfertigen, haben Sie hinterher viel mehr Klarheit über Ihre Stressoren und auch darüber, wie Sie künftig mit den stressauslösenden Situationen in Ihrem Leben umgehen wollen. Unentschlossenheit – oft kombiniert mit Aufschieben und Überlastung – ist Ursache für viele kleinere und größere Stressattacken im Alltag. Je entschlossener Sie Ihre Stressquellen vermindern, desto mehr Energie wird Ihnen zufließen.

Beginnen Sie also mit den Dingen, die Ihnen relativ leicht fallen – wo Sie sagen können: «Das lässt sich ändern, vielleicht mit etwas Aufwand, aber prinzipiell lässt sich da schon etwas machen», und überlegen Sie dann sogleich, am besten schriftlich, wie Sie es angehen werden. Oder Sie befinden bei einem Punkt: «Na ja, damit könnte ich mich arrangieren, ist eigentlich keine große Sache, da kann ich meinen Frieden damit machen, statt mich ständig darüber zu ärgern», und sammeln Sie Ideen dazu, was Ihnen helfen könnte, sich leichter damit anzufreunden. Es kann auch sein, dass Sie bei einem Punkt zu dem Schluss kommen: «Okay, diese stresserzeugende Angewohnheit aufzugeben ist eigentlich relativ einfach» – und dann tun Sie es. Lassen Sie der Einsicht gleich Taten folgen.

Wichtig ist, dass Sie anfangen, dass Sie aktiv werden, statt länger in einem Blockadezustand zu verharren. Mit einfacheren Dingen zu beginnen ist deswegen wichtig, weil Sie gerade am Anfang Erfolgserlebnisse brauchen, um schwungvoll weitermachen zu können. Stresserzeugende Probleme und Konflikte beherzt anzupacken, statt sie weiter ungelöst vor sich hindümpeln zu lassen, das wird dann nicht nur Ihre Stimmung heben, sondern Ihnen den Mut und die Zuversicht geben, die Sie brauchen, Ihren Stress in den Griff zu bekommen.

Prüfen und verändern Sie Ihre Überzeugungen
Ein Blick auf Ihr Stressposter zeigt Ihnen, dass etliche der als anstrengend erlebten Situationen und Umstände viel mit der inneren Haltung zu tun haben, die Sie einer Sache gegenüber einnehmen: Ihren Überzeugungen. Der Begriff «Überzeugungen» fasst all das zusammen, was sich im Denkhirn abspielt: Gedanken, Einstellungen, Annahmen, Urteile, Bewertungen, Glaubenssätze, kurz: sämtliche mentalen Prozesse, mit denen Sie sortieren und zuordnen, was Ihnen tagtäglich unterkommt, im Berufsleben ebenso wie im Privaten. Überzeugungen sind Vorstellungen, wie die Dinge sein müssen oder wie sie eben nicht zu sein haben. Ihre Einstellung zu sich selbst und zu anderen Menschen beeinflusst nicht nur Ihre Gedanken und Gefühle, sondern auch, was in Ihrem Körper geschieht. Zwischen Gedanken, Gefühlen und körperlichen Abläufen besteht eine enge Wechselwirkung. Wie Sie das, was Sie wahrnehmen, bewerten, beeinflusst das körperliche Geschehen genauso wie die Entscheidungen, die Sie aufgrund Ihrer Wertung treffen.

Auch «Wenn-dann»-Beziehungen gehören dazu. («Wenn ich sage, was ich denke, dann mache ich mich nur unbeliebt») und die Annahme von Grenzen («Ich kann einfach nicht öffentlich reden»). Wir ordnen also unsere Wahrnehmungen nach bestimmten Mustern in einen Bezugsrahmen ein. Oft geschieht dies unbewusst. Was von der Wirkung dieser Überzeugungen wahrnehmbar ist, sind die Dinge, die Sie daraufhin tun. Alles, was Sie tun, jede Entscheidung, die Sie treffen, hat mit Ihren Überzeugungen zu tun.

Überzeugungen machen sich vor allem auch im Gespräch mit sich selbst bemerkbar. Eigentlich sprechen Sie viel häufiger mit sich selbst, als Sie mit anderen Menschen sprechen. Dieser innere Dialog ist auch sehr wichtig, denn er hilft, Erlebtes zu verarbeiten. In Ihrem inneren Dialog spiegelt sich Ihr Selbstverständnis. Sich den eigenen Umgangsstil mit sich selbst genauer anzuschauen führt oft zu überraschenden Einsichten. Gehen Sie eher aufmunternd und zuversichtlich mit sich um oder neigen Sie zu kritischen und resignativen Sätzen? Wer oft mit sich selbst im Clinch liegt, kein gutes Haar an sich lässt und viel über Fehler nachgrübelt, setzt sich selbst damit unter Stress. Wer hingegen nett zu sich ist und sich selbst bestärkt, produziert weniger Stressalarm.

> **Übung: Überzeugungen bewusstmachen**
> Welche Gedanken und Grundeinstellungen bestimmen Ihre «Einstellung»? Wodurch wird Ihre Wahrnehmung beeinflusst? Was steht für Sie im Vordergrund und was blenden Sie gerne aus?
> Vervollständigen Sie dazu bitte spontan die folgenden Sätze:
> Ich bin ...
> Ich habe ...
> Mit «Arbeit» verbinde ich ...
> Mit «Freizeit» verbinde ich ...
> Mit «Beziehung» verbinde ich ...
> Mit «Gesundheit» verbinde ich ...
> Geld bedeutet für mich ...
> Erfolg bedeutet für mich ...
> Wenn ich einen Fehler gemacht habe, sage ich zu mir ...
> Wenn mir etwas geglückt ist, sage ich zu mir ...
> Den stärksten Stress empfinde ich, wenn ...
> Gefühle sind ...
> Konflikte bedeuten ...
> Angst habe ich vor ...
> Die drei wichtigsten Dinge im Leben sind ...
> Zeit ist ...
> Zum Begriff «Veränderung» fällt mir ein ...
> Ich brauche unbedingt ...
> Ich kann verzichten auf ...
> Mut bedeutet ...
> Am allerschwersten fällt mir ...

> Es wäre ungeheures Glück für mich, wenn ...
> Lebensfreude ist ...
> Es wäre eine Katastrophe, wenn ...
> Wenn ich mir vorstelle, 70 Jahre alt zu sein, sehe ich mich ...

Welche Ihrer Überzeugungen tragen dazu bei, Ihr Leben positiv zu gestalten? Welche setzen Sie eher unter Druck, schwächen Sie oder verstärken bestehenden Stress? Identifizieren Sie solche unangemessene, Stress erzeugende Einstellungen und Lebensregeln. Bewerten Sie jede Überzeugung daraufhin, ob sie Ihnen nützt oder schadet auf einer Skala von minus 5 (sehr schädlich) bis plus 5 (sehr nützlich).

Überlegen Sie sich nun zum einen, welche Überzeugungen Sie gut und richtig finden und deshalb behalten möchten und welche Sie nicht mehr pflegen wollen.

Wählen Sie nun als Nächstes eine negative und begrenzende Überzeugung aus, die Sie verändern möchten. Fragen Sie sich zunächst, woher diese Überzeugung kommt. Haben Sie sie aufgrund von eigenen Erfahrungen irgendwann selbst entwickelt oder vielleicht von jemandem übernommen? Hat die Überzeugung möglicherweise mit bestimmten Erinnerungen oder Einflüssen anderer zu tun, z. B. mit der Familienphilosophie Ihres Elternhauses, Meinungen aus dem Freundes- und Kollegenkreis, oder folgen Sie damit gesellschaftlichen Einflüssen (Medien, Werbung, Politik etc.)? Notieren Sie sich Ihre Vermutungen dazu, was die «Heimat» der Überzeugung sein könnte.

Beginnen Sie nun, diese Überzeugung ganz bewusst in Frage zu stellen. Gibt es einen handfesten Beweis, dass man nur so denken kann, oder auch Situationen, wo dies nicht ratsam wäre? Welche anderen Auffassungen könnte es geben? Nutzen Sie Ihre Fähigkeit, zu zweifeln, zu kritisieren, (Denk-)Fehler zu finden, sich Alternativen zu überlegen usw.

Wenn diese Überzeugung Sie nicht glücklich macht, welche hätten Sie stattdessen lieber? Formulieren Sie eine optimistische Alterna-

tive zu Ihrer bisherigen Überzeugung und betrachten Sie dann beide.
Machen Sie den «Gefühls-Test»: Wenn Sie sich nacheinander in beide Überzeugungen hineinversetzen, bei welcher fühlen Sie sich wohler? Bei welcher ist Ihr Körper in einem entspannteren Zustand? Entscheiden Sie anschließend, ob Sie die alte Überzeugung behalten oder lieber die Alternative heimisch machen wollen.

Sobald Sie sich bewusst werden, was Sie in für Sie potenziell stresserzeugenden Situationen denken und wovon Sie in solchen Momenten überzeugt sind, geben Sie sich auch die Möglichkeit, zu prüfen, ob dies eine realitätsgerechte Einschätzung ist und ob Sie sich mit diesen Gedanken selbst stärken oder selbst schwächen. Gedanken zu überprüfen und bei Bedarf gegen andere, «hilfreichere» auszuwechseln ist eine Freiheit, die jeder von uns hat. Nur fehlt es häufig an Motivation und Weitblick, dies auch tatsächlich zu tun. Aber es ist eine Investition, die sich sehr lohnen kann.

Häufig braucht es einige Anläufe, behindernde Überzeugungen aufzugeben und realitätsgerechtere, optimistischere an deren Stelle zu setzen, da Denkgewohnheiten genauso wie andere Gewohnheiten oft große Resistenz gegen Veränderungen zeigen. Sicher, man muss dazu etwas Geduld aufbringen, doch es ist möglich. Denken Sie an andere Situationen in Ihrem Leben, wo Sie aufgrund neuer Erkenntnisse oder aufgrund bestimmter Ereignisse eine Überzeugung geändert haben. Fühlt sich die damals neu und ungewohnt erscheinende Überzeugung heute nicht völlig normal und natürlich an, so, als hätten Sie schon immer so gedacht?

Oft wird uns in Stresssituationen nicht bewusst, dass wir von Ängsten, irrationalen Befürchtungen, einer zu hohen Messlatte an die eigene Leistungsfähigkeit oder von reinen Spekulationen angetrieben werden. Die Art und Weise unserer Interpretation und Bewertung kann dazu führen, dass der Stressalarm abläuft, ohne dass uns irgendeine konkrete Gefahr droht. Wir sind spät dran und machen uns Druck, obwohl eine fünfminütige Verspätung keine Katastrophe wäre, oder wir haben eine volle Tagesagenda und befürchten, irgendetwas Wichtiges vergessen zu haben usw.

Man weiß heute, dass bei akuten wie auch bei dauerhaften Belastungen vorhandene Einstellungen, Ansprüche und Wünsche eine ganz entscheidende Rolle spielen. Das zeigen mittlerweile eine ganze Reihe von Untersuchungen. Sie dokumentieren, dass Stress hauptsächlich «im Kopf», in der persönlichen Gedankenwelt entsteht. Dabei wiederum spielen oftmals «innere Antreiber» eine maßgebliche Rolle.

Innere Antreiber

Unter inneren Antreibern versteht man erlernte Einstellungen, Gebote und Verbote, die wir verinnerlicht haben und nach denen wir – bewusst oder unbewusst – unser Denken und Handeln ausrichten. Sie stammen zum größten Teil aus der Kindheit und der Jugend. Wenn sie einer wohlwollenden elterlichen Haltung entstammen, dann sind sie durchaus hilfreich. Solche Gebote wirken jedoch dann belastend, einengend und blockierend, wenn sie Absolutheitscharakter annehmen, wie beispielsweise «Ich darf keine Fehler machen», «Ich muss die/der Beste sein» oder «Ich muss unbedingt alle Erwartungen erfüllen». Es wäre natürlich naiv zu glauben, dass die vielfältigen Herausforderungen, die der Arbeitsalltag mit sich bringt, ohne einen gewissen Perfektionsanspruch zu bewältigen wären, dass der Job völlig ohne Anstrengung und Zeitdruck vonstatten gehen könnte oder uns keinerlei Entscheidungskraft, Power und Stärke abverlangen sollte – und natürlich sind oft vielfältige Anpassungsleistungen an die Erwartungen von Vorgesetzten, Geschäftspartnern und Kunden erforderlich. Insofern haben Antreiber situativ natürlich ihre nützliche Seite. Schädlich ist jedoch, wenn ein Absolutheitsanspruch damit einhergeht, immer und zu jeder Zeit verinnerlichten Idealen folgen zu müssen.

Die Psychologen Dr. Taibi Kahler und Dr. Hedges Capers gehen von fünf hauptsächlichen inneren stresserzeugenden Antreibern aus, die auf frühen elterlichen Forderungen basieren:

- *Sei (immer) perfekt!*
Dieser Antreiber fordert Vollkommenheit und Gründlichkeit von sich selbst und von anderen. Schattenseite: «Erbsenzählerei», chronische Unzufriedenheit und Intoleranz.
- *Sei (immer) schnell!*
Dieser Antreiber schafft Druck, stets alles (Arbeit, Kommunikation, Essen usw.) möglichst rasch zu erledigen. Schattenseite: Gefühlsarmut, Distanz zu den eigenen Bedürfnissen und denen anderer.
- *Streng Dich (immer) an!*
Für diesen Antreiber sind Leistung und Fleiß oberste Maximen. Schattenseite: Genussfeindlichkeit, mangelnde Fähigkeit, sich zu entspannen.
- *Mach es (immer) allen recht!*
Dieser Antreiber fordert, «dem Frieden zuliebe» eigene Vorstellungen und Bedürfnisse in den Hintergrund zu stellen. Schattenseite: Konfliktscheu, Selbstwertprobleme.
- *Sei (immer) stark!*
Dieser Antreiber fordert, sich keine Blöße zu geben, und ist ein Aufruf zum Heldentum um jeden Preis. Schattenseite: Unterdrückung von Gefühlen, vor allem von Traurigkeit und Schwäche.

Diese Antreiber beeinflussen bewusst oder unbewusst oft unsere Gedanken, Gefühle und Entscheidungen. Ziel der persönlichen Entwicklung im Umgang mit Stress sollte es sein, dass wir erkennen und entscheiden können, ob ein Antreiber in einer Situation nützlich ist oder nur (Dis-)Stress auslöst und damit alles schlimmer macht.

Denn das, was den Stress auslöst, ist zunächst die Befürchtung, nicht alles pünktlich, optimal und zufriedenstellend zu schaffen und dadurch entsprechende Zusagen nicht einhalten zu können. Bewahrheitet sich diese Befürchtung dann auch noch – hat man es also in der Tat nicht geschafft –, kommt zum Stressor «Befürchtung» noch der Stressor «schlechtes Gewissen» dazu. Dies hat entsprechende Folgen: Die Stimmung ist im Keller, das Selbstwertgefühl sinkt, Konzentration und Belastbarkeit werden beeinträchtigt, Ängste, Unsicherheit und Selbstzweifel wachsen. Häufig erhöht man dann den Druck weiter («Ich muss es schaffen, ich muss, ich muss!»), um nur ja das nächste Mal nicht zu versagen. Verstärkter Druck wiederum erhöht die Wahrscheinlichkeit von Ängsten und stressbedingten Konzentrationsproblemen und damit die Wahrscheinlichkeit eines erneuten Scheiterns ... Und schon ist man mittendrin in der selbstinduzierten Stressspirale.

Wie unmittelbar Gedanken körperliche Reaktionen auslösen, ist leicht nachzuvollziehen: Denken Sie an jemanden, den Sie nicht mögen, oder an ein aktuelles ungelöstes Problem, mit dem Sie sich schon einige Zeit herumschlagen – und sofort werden Sie spüren, wie sich Ihre Muskeln anspannen. Stellen Sie sich dann etwas Angenehmes vor, etwas, was Sie mögen oder worauf Sie sich freuen – und Ihr Körper entspannt sich, und Sie fühlen sich gut. Ihr Körper reagiert auf das, was in Ihrer Gedanken- und Gefühlswelt vorgeht. Er setzt das um, was Sie denken und empfinden.

Es liegt eine ganze Menge Entlastungspotenzial darin, stresserzeugende Einstellungen zu erkennen und im Vorfeld zu entschärfen. Wer sich im Vorfeld einer Belastung aus der Befürchtungs-, Hektik- und Panik-Schiene lösen und gelassenere Sichtweisen einnehmen kann, der behält auch in der entsprechenden Situation einen klaren Kopf und «ruhig Blut».

Genau das ist mit vorbeugendem Stressmanagement gemeint: Möglichkeiten finden, in anstrengenden Situationen innerlich flexibel und aktiv zu bleiben, statt sich von Angst und Hektik leiten zu lassen, die Kontrolle zu behalten, statt sich als Marionette der Umstände zu fühlen.

Was den Stress beim Schnellen Macher auslöst
Schnelligkeit, Leistung und Status sind die Hauptantriebskräfte des Schnellen Machers. Da sein Selbstverständnis stark auf seiner sehr aktiven beruflichen Rolle basiert und er sehr ergebnis- und erfolgsorientiert arbeitet, lösen Verzögerungen, «höhere Gewalt» und andere unverhoffte Stolpersteine bei ihm rasch Stress in Form von Ärger und Verdruss aus. Menschen, die ein gemächlicheres Tempo an den Tag legen, sind ihm ein Gräuel. Wettbewerbsorientiert wie er ist, möchte er immer die Nase vorn haben und kann nicht verstehen, dass andere Menschen andere Prioritäten setzen.

Es gibt natürlich viele durchaus stichhaltige Begründungen, warum Eile Sinn macht. So werden Sie wahrscheinlich einwenden, dass im Zeitalter des verschärften Wettbewerbs derjenige die Nase vorn hat, der sich rasch auf neue Gegebenheiten einstellen und schnell Entscheidungen treffen kann.

Richtig ist zweifellos, dass Schnelligkeit
- Ihnen Wettbewerbsvorteile verschafft,
- dafür sorgt, dass Sie sofort einsatzbereit sind, wenn es darauf ankommt,
- Sie sich schnell auf neue Gegebenheiten einstellen können.

Doch zwischen Dynamik und Flexibilität und dem Anspruch, alles schnell zu erledigen, besteht ein Unterschied. Menschen, die an sich den Anspruch haben, stets schnell sein zu müssen, können gar nicht anders handeln. Und das ist förmlich ein Garant für Dauerstress und galoppierenden Verschleiß.

So ist dem Schnellen Macher Eile zur zweiten Natur geworden, eben auch in Situationen, wo Schnelligkeit gar nicht erforderlich ist. Oft wird auch der Urlaub mit Aktivitäten vollgepackt. Nur keine Zeit verlieren! Nur keine Zeit verschwenden!

Die moderne Technik hilft ihm dabei, viele Dinge schneller und effizienter zu erledigen, als er dies in früheren Zeiten hätte tun können. Je höher der «Output», umso besser. Gewinnt er dadurch aber wirklich Zeit? Nein, keineswegs. Die «gesparte» Zeit wird sofort mit einer anderen Aktivität gefüllt. Ständig auf Achse, ständig erreichbar, lebt er in einer Art «Standby-Modus». Diese ständige Verfügbarkeit kann sogar süchtig machen. Warum?

Die Kehrseite eines auf schnell-schnell getunten Organismus ist, dass dem Betroffenen das Gespür für sich selbst und die eigenen Bedürfnisse abhanden kommt und auch die Wahrnehmungs- und Empfindungsfähigkeit stark beeinträchtigt werden. Irgendwann braucht der Schnelle Macher einfach die Hektik, um sich lebendig zu fühlen – die Folge ist Dauerstress, da durch das andauernde «Schnell, schnell» unterschwellig ständig kleiner und größerer Alarm ausgelöst wird.

Kommt zum «Sei immer schnell»-Antreiber vielleicht noch an zweiter Stelle «Sei immer perfekt» dazu, entsteht ein echtes Dilemma: Entweder es reicht die Zeit nicht für ein perfektes Ergebnis, oder der Perfektionsanspruch führt zu größeren Verzögerungen. Beides löst Stress aus. Kommt zum «Schnell sein» als zweiter maßgeblicher Antreiber «Streng dich an» dazu, dann verausgabt sich der schnelle Macher, indem er einfach zu viel des Guten tut. Alles, was einfach geht, kann nicht wirklich etwas wert sein. Der Wert eines Ergebnisses wird dann nicht daran gemessen, welchen Nutzen es bietet, sondern wie viel «Schweiß und Tränen» es gekostet hat. Sind «Schnell sein» und «Stark sein» nahezu gleichgewichtig, dann neigt der Schnelle Macher verstärkt dazu, sich generell zu viel aufzuladen und als Folge davon in den Dauerstress hineinzusteuern.

Infolge seiner eingeschränkten (Selbst-)Wahrnehmungs- und Empfindungsfähigkeit wird die Wirksamkeit solcher Mechanismen vom Schnellen Macher in der Regel nicht bewusst registriert, und damit ist er eigentlich ständig in Gefahr, sich selbst und seine Kräfte falsch einzuschätzen.

Die gravierende, wenn auch unterschätzte Folge der Schnell-schnell-Lebensweise ist eine wachsende Gefühls- und Körperignoranz. Menschen vom Typus Schneller Macher leiden dementsprechend oft unter den Folgen ihrer Überlastung: Konzentrationsmangel, Unruhe, Gereiztheit treten gehäuft auf – man nennt das auf Neudeutsch «Attention Deficit Trait» (ADT), was so viel bedeutet wie «charakteristische Aufmerksamkeitsstörung». Es scheint dann so, als sei der Betroffene «nie ganz da», sondern mit seinen Gedanken ganz woanders. Meist ist er das auch: bevorzugt in der Zukunft, beim Planen, beim Durchspielen von Szenarien usw. Dadurch wird auf Dauer nicht nur die Qualität der Arbeit in Mitleidenschaft gezogen, sondern auch die berufliche und private Kommunikation. Wer von «Sei immer schnell» angetrieben wird, hat in der Regel nicht viel Geduld mit anderen und konzentriert sich nur dann darauf, jemandem etwas recht zu machen, wenn es seinem Fortkommen dienlich ist. Private Beziehungen verflachen und versanden. Umso wichtiger wird dann wiederum die Selbstbestätigung durch Arbeit und Leistung. Die private Beziehungspflege gerät weiter ins Hintertreffen usw.

Da Menschen vom Typus Schneller Macher die feinen Antennen für die eigene Befindlichkeit und für die Umgebung jedoch längst eingebüßt haben, merken sie erst relativ spät, dass sie bereits Schaden genommen haben. So arbeiten viele Menschen nach dem Prinzip «Schneller, höher, weiter» mit permanentem Zeitdruck im Nacken, bis irgendwann nichts mehr geht.

Sind jedoch erst einmal die Psyche und die Fühlfähigkeit aus dem Takt gekommen, schleicht sich das Ausbrennen mehr und mehr ins Leben ein. Wer sich zusehends schwer damit tut, sich zu konzentrieren und auch nachts nicht zur Ruhe kommt, wer auch im Urlaub nicht abschalten kann und wem die Genussfähigkeit abhanden gekommen zu sein scheint, der zeigt möglicherweise schon massivere Anzeichen von Burnout.

Der innere Zwang zur Eile ist beim Schnellen Macher der hauptsächliche Stressauslöser. Damit verbunden ist auch der Hang, Menschen in Gewinner und Verlierer und nach ihrer Nützlichkeit für das eigene Vorankommen einzuteilen, wobei natürlich auch der verinnerlichte Konkurrenzdruck eine nicht unbedeutende Rolle spielt. Wenn jemand ein kostspieligeres Auto fährt oder einen Titel innehat oder auch nur besser angezogen ist oder eine dynamischere Ausstrahlung hat, dann ruft das gleich den Kampfgeist auf den Plan. Der Schnelle Macher setzt dann viel daran, es dem anderen zu zeigen, ihn zu überflügeln. Er will etwas vorweisen können und bemisst seinen Wert an einer positiven Leistungsbilanz und daran, wo er in der Hierarchie im Verhältnis zu anderen steht.

Zeitmanagement-Tipps werden sein Grundproblem nicht lösen, sich häufig gehetzt und getrieben und gleichzeitig emotional wie ausgedörrt zu fühlen. Abgesehen davon hat er vermutlich eine ganze Reihe von entsprechenden Ratgebern zum Zeitsparen im Regal stehen – sie dienen ihm aber lediglich dazu, noch mehr Arbeit in noch weniger Zeit unterbringen zu können. Bei ihm geht es nicht um (noch) effektiveres Zeitmanagement, sondern darum, seine eigentlichen Stressauslöser in den Griff zu bekommen.

Die Stressschleife des Schnellen Machers

Je weniger der Schnelle Macher sich selbst und seine Bedürfnisse wahrnimmt, desto mehr legt er Tempo zu; je mehr Tempo er zulegt, desto weniger kann er sich selbst und seine Bedürfnisse wahrnehmen.

Stressless-Plan für den Schnellen Macher

1. Stärken Sie Ihre (abhanden gekommene) Wahrnehmungsfähigkeit!

   Statt einfach nur unter der Knute des Zeit-Diktats zu funktionieren und sich dadurch mehr und mehr von sich selbst und Ihren Bedürfnissen zu entfremden, nehmen Sie das Ruder wieder in die eigene Hand.

   Das bedeutet: Achtsam sein und innehalten, immer dann, wenn

Sie mit einer Situation konfrontiert sind, von der Sie wissen, dass Sie hier leicht in Hektik und unter Druck geraten. Achten Sie dabei ganz bewusst darauf, wie es Ihnen körperlich und emotional geht. Fühlen Sie kurz in sich hinein. Wo baut sich gerade Anspannung auf? In den Schultern und Armen? Im Kieferbereich? Oder ist es ganz allgemein das Gefühl, genervt und gehetzt zu sein? Achtsamkeit ist eine Form der Aufmerksamkeitslenkung, die Sie den gegenwärtigen Augenblick bewusst erfahren lässt, ohne zu werten. Machen Sie sich bewusst, was Sie gerade gedacht und zu sich selbst gesagt haben. Wenn Sie Ihre klassischen Anspannungs-Symptome wahrnehmen, dann wissen Sie, dass Sie sich wahrscheinlich gerade antreiben. Sagen Sie dann innerlich «Stopp!» oder «Schluss damit!». Unterbrechen Sie, was Sie gerade tun, schließen Sie kurz die Augen, nehmen Sie ein paar tiefe Atemzüge, lassen Sie körperlich locker und fahren Sie dann Ihr Tempo herunter. Konzentrieren Sie sich in den nächsten Minuten auf jeden einzelnen Handgriff, seien Sie «ganz dabei».

Darüber hinaus können Sie auch die folgende, ganz einfache, aber sehr effektive Übung in Ihren Arbeitsalltag einbauen. Sie hilft, die scheinbare Selbstverständlichkeit von (Zeit-)Druck wirksam zu unterbrechen.

> **Basisübung: Eine Minute Meditation**
> Nehmen Sie sich fünfmal am Tag während der Arbeitszeit eine Auszeit, die jeweils nur eine Minute andauert. Dabei tun Sie – gar nichts. Nehmen Sie nur wahr, was gerade ist. Was Sie sehen, hören, fühlen, vielleicht auch riechen oder schmecken. Die Wirkung ist erstaunlich – und nimmt insgesamt nur ganze 5 Minuten Ihres Arbeitstages in Anspruch. Probieren Sie es aus!

2. Stellen Sie dem inneren Hauptantreiber «Sei (immer) schnell» ausdrücklich innere Erlaubnisse entgegen. Das sind Sätze wie:

- «Ich darf mir Zeit nehmen, ich lasse mir Zeit.»
- «Eins nach dem anderen.»
- «In der Ruhe liegt die Kraft.»

etc.

Viele Aufgaben im Arbeitsalltag sind nicht so dringend, wie sie zu sein scheinen oder wie jemand anders sie darstellt. Klären Sie das Timing ab. Bemessen Sie Abgabetermine und andere Deadlines eher großzügig, statt auf Kante genäht, sodass unvorhergesehene Komplikationen und Verzögerungen noch gut handhabbar sind.

3. Verabschieden Sie sich von der irrigen Überzeugung «Erst unter Stress laufe ich zur Höchstform auf!». Das führt nur dazu, dass Sie umfangreichere oder unangenehme Tätigkeiten vor sich herschieben und sich stattdessen Kleinigkeiten und Dingen widmen, die mit dem Etikett «dringend» daherkommen und zwar schnelle kleine Erfolgserlebnisse versprechen, Sie aber nicht wirklich weiterbringen.

Stattdessen wächst der Druck und damit der Stress («Ich müsste eigentlich jetzt wirklich anfangen ...»), ohne dass Sie jedoch etwas Zielführendes tun. Frühzeitig mit einem wichtigen Projekt zu beginnen, fällt dann leichter, wenn Sie sich einen Vor-Termin setzen. Tun Sie einfach so, als sei der Abgabetermin eine Woche früher, als es tatsächlich der Fall ist, und vermerken Sie sich diesen «Vortermin» als persönlich verbindlich im Kalender. Somit steigen Sie früher als sonst in die Arbeit ein und arbeiten gelassener auf Ihr Ziel zu. Die Gefahr von Flüchtigkeitsfehlern, unvollständigen Projektteilen usw. sinkt, weil Sie ja noch genügend Zeit für das Finish haben. Diese Methode funktioniert erstaunlich gut, denn das Gehirn akzeptiert nach mehrmaligem Lesen den Vortermin praktisch als «Deadline», und Sie stellen sich unbewusst in Ihrem Planen und Handeln darauf ein.

4. Da Sie als Schneller Macher besonders anfällig sind für Unterbrechungen, Impulse und Ablenkungen aller Art, sollten Sie auch hier umsteuern, um weniger Stressreaktionen auszulösen. Das braucht ein wenig Disziplin, bringt aber mehr Ruhe in Ihren Arbeitsalltag. Bringen Sie daher alle To-dos, die Ihnen einfallen, zu Papier, statt die Aufmerksamkeit gleich auf den neuen Einfall zu richten, weil Sie befürchten, er ginge sonst verloren. Zudem stapeln sich dann auch weniger Vorgänge auf dem Schreibtisch, die Sie «auf keinen Fall vergessen dürfen» – das ist nur unnötiger geistiger Ballast, nimmt viel Platz weg und stört die Konzentration. Stattdessen haben Sie diese Dinge notiert, terminiert und abgelegt. So lässt es sich wesentlich freier und selbstbestimmter arbeiten.
5. Verwenden Sie Zeitmanagement-Strategien nicht dazu, sich in der gewonnenen Zeit noch Weiteres aufzubürden, sondern dazu, sich echte Frei-Zeit zu schaffen.

Was den Stress beim Perfektionisten auslöst
Das Streben nach Vollkommenheit und Makellosigkeit ist der Hauptantrieb des Perfektionisten. Dies ist Segen und Fluch zugleich. Sportliche Höchstleistungen, wissenschaftliche Forschung, aber auch viele künstlerische Werke sind ohne das Streben nach Perfektion nicht denkbar.

Sie werden viele gute Argumente dafür finden, warum es gut ist, perfekt sein zu wollen. So werden Sie vielleicht einwenden, dass Sie nur durch Ihren hohen Anspruch so leistungsstark und erfolgreich sind und dass man immer an sich arbeiten muss ... usw.

Richtig ist zweifellos, dass Ehrgeiz
- Sie zu guten Leistungen anspornt,
- dafür sorgt, dass Sie sich konzentrieren, wenn es darauf ankommt,
- Sie dazu motiviert, sich stetig zu verbessern.

Doch zwischen diesem Ehrgeiz und dem Anspruch, perfekt zu sein, besteht ein großer Unterschied. Ehrgeiz ist begrenzt und zielgerichtet. Bei Menschen mit einem generellen Perfektionsanspruch wird ein starker Ehrgeiz aber zum Dauerzustand. Sie können scheinbar gar nicht mehr anders, als die Messlatte permanent hochzuhalten. Damit sind natürlich auch Dauerfrust und Dauerstress vorprogrammiert.

Perfektion im Berufsalltag wird oft zur Stressfalle. Dadurch, dass der Perfektionist an sich selbst und an andere eine hohe – oft zu hohe – Messlatte anlegt, setzt er sich ständig innerlich unter Druck, diesen Ansprüchen auch zu genügen oder sie, wenn möglich, noch zu übertreffen. Ständiger Begleiter dabei ist die Befürchtung, Fehler zu machen, zu scheitern, zu versagen.

Wenn ein Perfektionist einer Aufgabe nicht nach seinen Vorstellungen gerecht geworden ist, dann fragt er sich nicht: «Was kann ich daraus lernen?» Ein einfühlsames Akzeptieren auch der eigenen Schwächen liegt ihm nicht, stattdessen schwingt er sich selbst zu seinem schärfsten Kritiker auf: «Das hätte ich besser wissen müssen! So etwas sollte mir nicht passieren!» Oder, noch schärfer: «Wieso habe ich mich so dämlich angestellt?» Damit setzt sich der Perfektionist natürlich zusätzlich noch selbst unter Druck.

Stressalarm wird bei ihm auch ausgelöst, wenn
- ihm die Kontrolle entgleitet.
- auch nur eine kleine Möglichkeit besteht, dass etwas schieflaufen könnte; je höher das Risiko, desto mehr Stress. Der Perfektionist ist kein Abenteurer, sondern gerne auf der sicheren Seite.
- sofortige Entscheidungen und schnelles Handeln gefordert sind.
- sich die unerledigten Dinge auf dem Schreibtisch häufen, weil der Perfektionist sich in seinem Vollkommenheitsanspruch so darin verbissen hat, dass er endlos an den Details einer Sache herumfeilt.
- Überraschendes passiert, Dinge durcheinandergeraten und anders laufen als gewohnt.

- die Möglichkeit besteht, dass man ihm (oder er sich selbst) vorwerfen könnte, sich nicht korrekt verhalten zu haben.
- Zweifel an seiner Leistungsfähigkeit geäußert werden.
- er mit Unpünktlichkeit, Unhöflichkeit oder Unzuverlässigkeit anderer konfrontiert ist.

Perfektionisten leiden häufig unter ihren überzogenen Idealen. Schnell entsteht trotz aller Bemühungen ein schlechtes Gewissen, weil sie im Grunde weder mit sich selbst noch mit anderen richtig zufrieden sein können.

Je mehr der Perfektionist zeitlich unter Druck gerät, desto mehr Energie muss er aufwenden, um seinen Perfektionsanspruch aufrecht zu erhalten. Notfalls wird die Arbeit auch (meist heimlich, um sich keine Blöße zu geben) in den Feierabend oder ins Wochenende mitgenommen. Wer in der Perfektionismusfalle steckt, überfordert sich ständig und kann auf Dauer ernsthaft krank werden. Perfektionisten kommen oft gerade wegen ihrer unrealistisch hohen Maßstäbe nur mühsam voran, denn diese bewirken, dass sie bei der Realisierung eines Projektes oft schon in der Planungsphase oder den Vorarbeiten stecken bleiben. Das generelle Widerstreben, Fehler zu tolerieren, führt zudem dazu, dass dem Perfektionisten fast alles gleich wichtig erscheint. Er hat daher auch Schwierigkeiten damit, Prioritäten zu setzen.

Das Fatale beim Perfektionisten ist die Gleichsetzung von Leistung mit dem persönlichen Wert. Nur wenn er perfekte Leistungen erbringt, so glaubt er, sei er etwas wert, und nur dann, wenn er es schafft, fehlerfrei zu sein, hat er sich die Wertschätzung anderer verdient. Durch diese Verknüpfung wird ein Scheitern oder auch nur ein Knapp-daneben-Liegen schnell zur Katastrophe, da der Perfektionist sich sofort als Person in Frage gestellt sieht. Da kommt es dann umgehend zu Stressalarm.

Wer an sich selbst extrem hohe Ansprüche stellt, legt diese Messlatte meist auch an andere an. Die strenge Schwarz-Weiß-Bewertung von Leistungen in «perfekt» oder «unzureichend» ist oft so in Fleisch und Blut übergegangen, dass der Perfektionist nicht nur sich selbst, sondern auch andere auf diese Weise betrachtet – und eigentlich immer ein Haar in der Suppe findet. So gilt er oft als intolerant und wenig flexibel. Wer Fehler nur schwer tolerieren kann, für den ist fast alles gleich wichtig.

Die Alles-oder-nichts-Haltung ist die Ursache dafür, dass der Perfektionist Vorhaben vor sich herschiebt – was gar nicht so selten vorkommt. Aus Furcht, der Anforderung nicht gerecht zu werden, tritt er per Aufschub die Flucht an. Dies verschafft ihm zwar für den Moment Erleichterung, doch Schuldgefühle und schlechtes Gewissen («Ich sollte eigentlich …») sorgen dann doch dafür, dass Stressalarm ausgelöst wird, sobald er an die aufgeschobene Aufgabe und seine damit verknüpften Befürchtungen denkt. Er findet keinen Anfang – oft findet er aber auch kein Ende. Durch den Anspruch, eine Aufgabe absolut perfekt zu lösen, kann der Perfektionist auch schwer erkennen, wann er eine Aufgabe als abgeschlossen betrachten kann und der Gewinn daraus bereits wieder zu sinken beginnt – wenn also weiterer Aufwand in keinem Verhältnis zu den dann noch möglichen Verbesserungen steht.

Kommt zum «Sei immer perfekt» dann noch der innere Antreiber «Sei immer schnell» dazu, dann kommt es zu dem Dilemma, das schon beim Schnellen Macher skizziert wurde: Entweder bleibt die Qualität oder die Terminsetzung auf der Strecke. Gesellt sich zum «Perfekt sein» der Antreiber «Streng dich an» dazu, dann steht der Perfektionist unter dem Diktat, dass nicht nur das Ergebnis vollkommen sein, sondern er es sich auch sauer verdient haben muss, damit es wirklich einen Wert für ihn hat. Sind «Perfekt sein» und «Stark sein» nahezu gleichgewichtig, dann kommt zum Streben nach Vollkommenheit ein starkes Wettbewerbsmoment hinzu. Der Perfektionist muss dann nicht nur perfekte Leistung erbringen, sondern auch noch besser als jeder andere sein. Hat der Perfektionist hingegen zum Anspruch «Sei immer perfekt» noch einen starken Harmonie-Antreiber («Mach es allen recht»), dann wird es ihm mit seinem Streben nach perfekter Leistung vor allem auf Lob, Anerkennung und Zuwendung anderer ankommen.

Die Stressschleife des Perfektionisten

Je mehr sich der Perfektionist aus Angst vor Fehlern unter Druck setzt und eine makellose Leistung von sich fordert, umso fehleranfälliger wird er, da der Druck die Alarmreaktion in Gang setzt, was die Ausschüttung von Stresshormonen nach sich zieht, die wiederum Kreativität und Denkvermögen blockieren. Umso sorgfältiger und genauer muss er vorgehen, um einem Scheitern zu entgehen. Weil dies sehr anstrengt, wachsen die Ängste, trotzdem Fehler zu machen, und so setzt er sich noch stärker ein, usw.

Die Bremse ziehen sollte in jedem Fall, wer über einen längeren Zeitraum chronisch mit sich unzufrieden ist und sich häufig mit Selbstzweifeln und Zukunftsängsten quält.

Stressless-Plan für den Perfektionisten

1. Entkoppeln Sie Ihre Leistung von Ihrem Selbstwertgefühl. Machen Sie ein Arbeitsergebnis nicht länger zu einer Frage von Sein oder Nicht-Sein. Dabei geht es um ein grundsätzliches JA zu sich selbst, jenseits aller Leistungsanforderungen. Folgende kleine Übung wird Sie darin bestärken:

> **Basisübung: Die magische Brille**
> - Suchen Sie sich einen ruhigen Ort, an dem Sie ca. 5 Minuten ungestört sein können. In diesem Raum sollte es einen Spiegel geben.
> - Stellen Sie sich nun vor, es gäbe eine magische Brille, durch die Sie sich selbst ausschließlich mit Wertschätzung, Sympathie, Verständnis und Toleranz ansehen können.

- Setzen Sie nun in Ihrer Vorstellung diese Brille auf und treten Sie vor den Spiegel, um sich selbst zu betrachten.
- Was sehen Sie durch die Gläser dieser Brille? Was nehmen Sie an sich wahr, wenn Sie sich wertschätzend, wohlwollend und verständnisvoll betrachten? Welche Stärken und positiven Eigenschaften fallen Ihnen ein, während Sie sich selbst freundlich zulächeln? Was können Sie sich selbst Wertschätzendes und Aufbauendes sagen?
- Wenn sich ein kritischer Gedanke einschleichen will, dann scheuchen Sie ihn weg. Während der Magische-Brille-Zeit hat er hier nichts zu suchen.
- Dann formulieren Sie, was Sie alles an sich selbst gut und in Ordnung finden. Sagen Sie sich das laut. Schließen Sie die Übung immer mit dem Satz ab: «Ich bin, so wie ich bin, ganz und gar in Ordnung.»

Führen Sie diese Übung mehrmals täglich durch, vor allem in Situationen, in denen wieder die wohlbekannte Unzufriedenheit oder Unzulänglichkeitsgefühle auftauchen. Sie werden, sofern Sie dies konsequent üben (was Ihnen als Perfektionist nicht schwerfallen wird), schon nach wenigen Tagen eine positive Veränderung in Ihrer Selbstwahrnehmung bemerken.

Ein solides Selbstwertgefühl in sich zu verankern ist ein hervorragender Schutz vor Stressalarm-Attacken, die durch überzogene Ansprüche an sich selbst ausgelöst werden.

2. Stellen Sie dem inneren Hauptantreiber «Sei (immer) perfekt» ausdrücklich innere Erlaubnisse entgegen. Das sind Sätze wie:
    - «Gut ist gut genug.»
    - «Jede Sache hat starke und schwache Seiten.»
    - «Jeder hat das Recht, Fehler zu machen – ich auch!»
    etc.

Die meisten Aufgaben im Arbeitsalltag erfordern keine Perfektion, sie sind einfach nur zu erledigen oder gut zu erledigen, nicht supergut. Konzentrieren Sie Ihre Fähigkeit, konzentriert und genau zu arbeiten, auf diejenigen Projekte, bei denen es tatsächlich darauf ankommt, alles 100 Prozent richtig zu machen – Sie werden sehen, dass das bei Licht besehen eigentlich nur sehr wenige sind.

3. Ändern Sie Ihre Arbeits-Strategie:
Die gute Nachricht: Den «Mut zur Lücke» kann man sich angewöhnen. Während es für den Schnellen Macher wichtig ist, dass er den Druck aus seinem Leben nimmt, steht für Sie im Vordergrund, Ihren Aufgaben feste, realistische Zeiteinheiten zuzumessen. In dieser Zeit arbeiten Sie daran, die Sache voranzubringen und abzuschließen. Navigator ist folgender kleiner Leitfaden:

– Was ist erforderlich, um der Aufgabe ausreichend gerecht zu werden (Minimalergebnis)? Was sind die wichtigsten Maßgaben dafür, d.h. die Essentials, mit denen die ganze Arbeit steht und fällt?

Hilfreich dabei ist jeweils die Frage: «Was würde ich als Nächstes tun, wenn ich nur noch einen Tag/eine Stunde/15 Minuten Zeit hätte?» Bei der Arbeit konzentrieren Sie sich dann vorrangig auf diese Essentials und lassen alle Details und aufwendig zu recherchierenden Nebenaspekte weg. Dies schützt vor Verzettelung.

– Steht das Minimalergebnis und es bleibt noch Zeit, dann erst fragen Sie sich, was an welcher Stelle vertieft oder optimiert werden könnte, um aus dem akzeptablen Ergebnis ein gutes Ergebnis zu machen. Suchen Sie auch hier wieder die Essentials: Wo lässt sich mit wenig Aufwand viel bewirken?

– Haben Sie diese Dinge dann eingearbeitet und liegen Sie danach immer noch gut in der Zeit, dann können Sie sich das Recht nehmen, sich den Details zu widmen, die Ihnen an der

Arbeit besonders wichtig sind – oder Sie geben sich mit dem guten Ergebnis zufrieden und haken das Ganze ab.

Der Vorteil: Wenn Sie von den Essentials nach außen zu den Odds and Ends arbeiten, vermeiden Sie, dass Sie sich in Details verheddern und damit möglicherweise einen erfolgreichen Abschluss der Aufgabe gefährden.
4. Hängen Sie generell die Messlatte niedriger, um den Stressalarm seltener auszulösen. Sicher, es gibt wahrscheinlich für alles eine «ideale» Lösung, aber oft lohnt es sich einfach nicht, sie anzustreben, da sie unverhältnismäßig viel Zeit und Kraft in Anspruch nimmt. Differenzieren Sie! 100 Prozent dürfen sein für jene Aufgaben, wo alles andere gravierende Nachteile hätte. 80-prozentige Lösungen sind meist die besten Lösungen für alltägliche Pflichten, weil sie gut handhabbar sind. Senken Sie überall dort die Messlatte, wo es um nichts wirklich Wichtiges geht.
5. Lassen Sie in Arbeit und Freizeit Zwischentöne zu, statt weiter dem Alles-oder-nichts-Prinzip zu frönen. Werden Sie fehlertoleranter auch gegenüber anderen, statt jede «Verfehlung» als Störfaktor aufzufassen. Lassen Sie zu, dass andere auf anderen Wegen zu ihren Zielen kommen als Sie selbst oder dass andere vielleicht auch ganz andere Ziele und Werte haben.

Was den Stress beim Harmonieorientierten auslöst
Natürlich ist das Bedürfnis, bei Kollegen, Mitarbeitern und beim Chef, aber auch privat beim Partner, bei Freunden und Bekannten gut angesehen und wohl gelitten zu sein und in entspannten, konfliktarmen Beziehungen zu leben, bei jedem Menschen vorhanden – außer vielleicht bei notorischen Querulanten.

Im Idealfall ist eine Beziehung von Toleranz, gutem Einvernehmen und gegenseitiger Wertschätzung geprägt. Geben und Nehmen sind ausgewogen und Strittiges wird offen und lösungsorientiert ausdiskutiert. Natürlich hat jeder Erwartungen an den anderen und ebenso natürlich ist, dass der andere diesen Erwartungen auch öfter mal nicht entspricht und es zu Kritik und Konflikten kommt. Für wen jedoch die Erwartungen anderer zum obersten Wertmaßstab werden, und wer versucht, Konflikte und Kritik um jeden Preis zu vermeiden, setzt sich damit erheblichem Stress aus. Die Rechnung, sich durch Anpassung Sympathiepunkte zu sichern, geht allzu oft nicht auf. Für den Harmonieorientierten ist die Beziehung zu anderen Menschen aber wichtiger als sein persönliches Vorankommen oder eigene Ziele zu verfolgen. Weil er so sehr von der Anerkennung anderer abhängig ist, bringt es ihn aus dem Gleichgewicht, wenn er kritisiert oder abgewiesen wird. Auch das «Nein»-Sagen oder in einer Diskussion einen Standpunkt zu vertreten ist seine Sache nicht. Sobald er spürt, dass er irgendwie auf «Ungnade» stößt, schlägt sein Stressalarm an. Dann gibt er lieber nach und lenkt ein, denn unter Stress fühlt er sich schnell hilflos und ohnmächtig. Kritik und Ablehnung machen ihm viel mehr zu schaffen als beispielsweise einem Menschen vom Typus Schneller Macher. Die Angst davor, Missachtung oder Aggression auf sich zu ziehen, macht den Harmonieorientierten anfällig für Manipulation durch andere. Während Anerkennung wahre Höhenflüge seiner Gefühle auslösen kann, lassen ihn Kritik und Ablehnung emotional regelrecht in den Keller stürzen. Manche Vorgesetzte oder Partner schaffen es instinktiv, den Harmonieorientierten an den Rand des Zusammenbruchs zu steuern, indem sie ein Übermaß an Leistung fordern – und erhalten.

Nett zu anderen zu sein, sich an vermutete Erwartungen anzupassen und anderen gefällig zu sein sind die wichtigsten Mittel für den Harmonieorientierten, sich in Gegenwart anderer wohl zu fühlen und Stress abzuwehren.

Natürlich haben Sie als Harmonieorientierter Recht mit dem Argument, es müsse doch nicht jeder Kampf gekämpft werden und in einem Betriebsklima des «Jeder gegen jeden» wäre doch binnen Kurzem jeder ein Kandidat für die innere Kündigung. Durch aggressive

Selbstbehauptung unweigerlich sich zuspitzende Konflikte würden doch erst recht zu Dauerstress führen. Da müsse es doch Menschen geben, die auszugleichen verstehen und auch einmal zurückstecken. Richtig ist zweifellos, dass Harmonieorientierung
- Konflikte glätten kann,
- schöne zwischenmenschliche Momente schaffen kann,
- dafür sorgt, dass Sie sofort einsatzbereit sind, wenn es darauf ankommt,
- Sie sich schnell auf neue Gegebenheiten einstellen können.

Doch zwischen einer Wir-Orientierung und dem Anspruch, es allen recht zu machen, liegen Welten. Ein Mensch, der «um des lieben Friedens willen» vieles abnickt, wozu er eigentlich eine andere Auffassung hat, und der sich bereitwillig für zusätzliche Arbeiten zur Verfügung stellt, auch wenn er ohnehin schon zu viel auf seiner To-do-Liste stehen hat, wird eher mitleidig beäugt als für seinen Einsatz bewundert. Als Harmonieorientierter leben Sie insofern gefährlich, als jede Herausforderung schnell zur seelischen Belastung wird und Sie durch Ihre Hilfsbereitschaft leicht zum Spielball für Menschen werden, die gerne Arbeit auf andere abladen. Oft meinen Sie vielleicht, gar nicht anders zu können, als sich noch mehr aufzuladen. Es gibt immer gute Gründe, für andere in die Bresche zu springen. Harmonieorientierte haben sofort ein schlechtes Gewissen, wenn sie jemandem eine Bitte abschlagen müssen. Die nagenden Schuldgefühle, die damit verbunden sind, möchten sie gerne vermeiden. So kommen Harmonieorientierte meist gar nicht dazu, sich über eigene Wünsche und Ziele klar zu werden, sondern erledigen fortwährend das, was für andere wichtig ist, und legen kaum Pausen ein, um auch alles schaffen zu können. Die eigenen Bedürfnisse treten dabei meist in den Hintergrund.

Tendenziell sind von der Harmonieorientierung mehr Frauen als Männer betroffen, weil die noch immer weitverbreitete traditionelle Rollenverteilung zwischen den Geschlechtern dem entgegenkommt.

Frauen fällt es oft besonders schwer, «Nein» zu sagen und sich abzugrenzen. Nicht zuletzt infolge der Doppelbelastung durch Beruf und Familie bürden sie sich immer mehr Aufgaben auf, bis irgendwann die Belastungsgrenze erreicht ist.

Tritt der Antreiber «Mach es immer allen recht» zusammen mit «Sei immer perfekt» auf, dann haben wir es mit einem «Beziehungsperfektionisten» zu tun, der den größten Teil seiner Energie dafür aufwendet, sowohl am Arbeitsplatz als auch im Privatleben sich absolut vorbildlich an die Bedürfnisse anderer anzupassen. Hat der Harmonieorientierte als zweiten maßgeblichen Antreiber «Streng dich an», dann bemüht er sich extrem stark darum, Aufmerksamkeit und Zuwendung anderer zu erringen. Oft zahlt er einen hohen Preis dafür, indem sein Hunger nach Anerkennung von anderen ausgenutzt wird. Wenn er zusätzlich zur Harmonieorientierung einem «Sei stark» gehorcht, dann entwickelt er eine große Leidensfähigkeit.

Die Stressschleife des Harmonieorientierten

Weil der Harmonieorientierte befürchtet, nicht genug geschätzt und anerkannt zu werden, bemüht er sich, den Erwartungen anderer so genau wie möglich zu entsprechen. Diese nutzen zwar gerne die Vorteile, die ihnen seine Anpassungshaltung bietet, sie geben ihm aber nicht die ersehnte Anerkennung. Daraufhin verstärkt der Harmonieorientierte seine Bemühungen darum, Zuwendung, Anerkennung und Wertschätzung zu erreichen usw.

Stressless-Plan für den Harmonieorientierten

1. Stärken Sie Ihre (abhanden gekommene) Abgrenzungsfähigkeit. Der Mut zum «Nein» lässt sich entwickeln und stärken. Paradox dabei ist natürlich, dass die Formulierung einer ablehnenden Antwort da, wo Sie bisher automatisch «Ja, mach ich» gesagt haben, Stressalarm hervorrufen wird. Sie haben also anfangs erst einmal mehr statt weniger Stress. Doch wenn Sie längerfristig aus dem

Überlastungsstress und fortwährender Fremdbestimmung ausbrechen wollen, ist das ein akzeptabler Preis, oder? Und: Je intensiver Sie Ihre Standfestigkeit trainieren, desto eher wird der Stressalarm beim «Nein»-Sagen der Vergangenheit angehören. Beginnen Sie in einem ersten Schritt damit, den Ja-Reflex abzustellen und sich nicht mehr (be-)drängen zu lassen, indem Sie sich Zeit zum Nachdenken verschaffen. Sagen Sie, wenn ein Ansinnen an Sie herangetragen wird, beispielsweise: «Ich werde darüber nachdenken und sag dir/Ihnen (in fünf Minuten, morgen, in drei Tagen ...) Bescheid.» Sie geben sich damit die Zeit, sorgfältig die Vor- und Nachteile einer Zusage abzuwägen. Wenn Sie bei Anfragen an Ihre Hilfsbereitschaft um Bedenkzeit bitten, werden Sie zudem feststellen, dass sich manches für Sie dann wie von selbst erledigt.

Zum Training der inneren Standfestigkeit ist auch die folgende kleine Übung nützlich:

Basisübung: Der eigene Raum
Wenn Sie häufig Schwierigkeiten mit dem «Nein»-Sagen haben, dann machen Sie täglich mindestens einmal folgende Übung:
- Stellen Sie sich fest mit beiden Beinen auf den Boden, halten Sie Ihr Rückgrat dabei gerade und atmen Sie einige Male tief durch.
- Spüren Sie Ihren Atem bis in die Fußsohlen und stellen Sie sich vor, dass der Atem bis in den Boden hineinreicht und Ihre Füße dort verwurzelt sind.
- Bewegen Sie leicht die Arme und fühlen Sie den Raum um sich herum.
- Sprechen Sie dann still zu sich selbst: «Ich bin ich und habe meinen Raum, der mir ganz alleine gehört.»
- Atmen Sie weiter tief durch und spüren Sie, wie sich das für Sie anfühlt.
- Entspannen Sie sich, schütteln Sie dann Arme und Beine leicht aus

und gehen Sie mit diesem «Ich bin ich» und dem Bewusstsein des eigenen Raumes weiter Ihren Tagesaufgaben nach.

2. Stellen Sie dem inneren Hauptantreiber «Mach es immer allen recht» ausdrücklich innere Erlaubnisse entgegen. Das sind Sätze wie:
   – «Meine Bedürfnisse und Wünsche sind ebenso berechtigt wie die anderer.»
   – «Ich darf entscheiden, wie es für mich selbst vorteilhaft ist.» Oder: «Ich selbst entscheide, was gut für mich ist.»
   – «Ich bin ein eigenständiger Mensch und vertrete eine eigene Meinung.»
   etc.

Betrachten Sie jede Situation für sich und suchen Sie sich für den Anfang einfache Übungssituationen. Ihren Standpunkt deutlich zu vertreten können Sie beispielsweise in solchen Diskussionen üben, in denen es um nichts sonderlich Wichtiges geht. «Nein» sagen lässt sich zunächst ebenso gut an Kleinigkeiten üben: «Nein, im Moment kann ich den Anruf nicht annehmen, ich rufe zurück.» Wenn der eigene Standpunkt und das Handeln nach eigenen Interessen für Sie selbstverständlicher geworden sind, dann nehmen Sie sich die härteren Brocken vor: auch einer lieben Kollegin mal einen Gefallen abschlagen, wenn die eigene Tagesagenda schon voll ist, am Wochenende keinen Besuch bei Verwandten machen, wenn Ihnen der Sinn eher nach Erholung und «Mal gar nix tun» steht.

Wenn Sie am Ball bleiben, wird Ihr Mut zum «Nein» wachsen, und das ist gut so. Sie können in der Tat nicht jede Aufgabe erledigen, nicht überall dabei sein und nicht jedem zuhören. «Nein» zu sagen, wird umso leichter möglich, je klarer Sie eigene Prioritäten setzen und je mehr Sie erkennen, dass es an Ihnen selbst liegt,

gut für sich zu sorgen. Als Harmonieorientierter lautet Ihr zentrales Thema «Selbstbestimmung», d.h. Unabhängigkeit von dem, was andere mit Ihnen vorhaben.
3. Unternehmen Sie etwas gegen Ihre irrationalen Schuldgefühle. Das verinnerlichte (aber eigentlich völlig unbegründete) schlechte Gewissen ist nicht nur Ursache für die Scheu vor dem «Nein», sondern macht Sie anfällig für Manipulationsversuche anderer. Führen Sie doch einmal eine Woche lang täglich Protokoll darüber, was Sie für andere tun: Diese Auflistung wird Sie stärken. Sie werden sich bewusst darüber, dass Sie bei Weitem genug für andere tun. Da ist es dann nur legitim, auch die eigenen Bedürfnisse zu berücksichtigen und öfter mal das zu tun, was Ihnen selbst Freude macht. Mit dieser Auflistung im Rücken wird es Ihnen leichter fallen, Ihre eigenen Wünsche ernst zu nehmen.
4. Gewöhnen Sie sich das häufige «Das mache ich schon!» ab und spannen Sie stattdessen auch mal andere ein. Lernen Sie zu unterscheiden, wer wirklich Ihre Hilfe benötigt und wer nur Unangenehmes auf Sie abwälzen möchte. «Helf ich dir, hilfst du mir» ist ein gutes Motto, Überlastung vorzubeugen. Bitten Sie für jede geleistete Unterstützung selbst um einen Gefallen.

Stressprophylaxe ist für alle wichtig
Ob Schneller Macher, Perfektionist oder Harmonieorientierter: In jedem Falle lohnt es sich für Sie, Stressprophylaxe zu betreiben, indem Sie Ihren speziellen Stressalarm-Auslösern zu Leibe rücken: Sie setzen dadurch nicht nur dem Dauerstress effektiv etwas entgegen, sondern befreien auch viel blockierte Energie, die Ihnen die Kraft zur Bewältigung der wesentlichen Dinge in Ihrem Leben geben wird.

Zu sich selbst zu finden, eigene Bedürfnisse zu erkennen und ernst zu nehmen, sich Wünsche zu erfüllen, statt sie auf ein nebulöses «Morgen» zu verschieben, sich von den Vorstellungen anderer unabhängiger zu machen und den Mut zu finden, verstärkt Ihre persönlichen Vorstellungen und Wünsche einzubringen und damit Ihr Leben mehr und mehr nach eigenen Vorstellungen zu gestalten: All dies bildet ein gutes Gegengewicht zu den Stressauslösern. Genau deswegen ist es wichtig, dass Sie als Schneller Macher sich Ihre Wahrnehmungs- und Fühlfähigkeit zurückerobern, als Perfektionist Ihre Ansprüche an sich selbst situationsgerecht modifizieren lernen und als Harmonieorientierter die Waage der Aufgabenverteilung neu austarieren.

Ein wichtiger Ansatzpunkt ist dabei, Ihren inneren Dialog entsprechend optimistisch, wertschätzend und anteilnehmend zu führen, wo er bisher vielleicht eher kritisch, ungeduldig und entmutigend war. Einfach mal sagen: «Was brauch ich, um das hinzukriegen?», anstelle von: «Das kann ich sowieso nicht!» Oder: «In diesen zwei Punkten bin ich einen Schritt weitergekommen!», anstelle von: «Ich hab schon wieder nicht alles geschafft, was auf meiner Agenda stand!»

Diese innere Wertschätzung zu pflegen und im Alltag immer wieder zu üben, hat einleuchtende Vorteile für Sie:

- Sie vermindern Stressalarm.
- Sie werden zufriedener mit sich und stärken Ihr Selbstwertgefühl, was den Drang zum Perfektionismus als Stressauslöser abbauen hilft.
- Sie sind im besten Sinne «selbst-ständiger» – nämlich unabhängiger von Meinungen und Bewertungen anderer, was vor allem für den Harmonieorientierten ein wichtiger Entwicklungsschritt ist.
- Infolge der wachsenden inneren Unabhängigkeit und dem gestärkten Selbstwertgefühl wirken Sie auch nach außen hin viel souveräner.

Optimismus contra Hoffnungslosigkeit
Sind Sie mit einer optimistischen Ausrichtung ausgestattet, dann versuchen Sie eher, mit den Bewältigungsstrategien, die Ihnen zur Verfügung stehen, die Ursachen Ihrer Stressbelastung zu beseitigen. Sind

Sie hingegen resignativ eingestellt, versuchen Sie die Probleme zu verdrängen und beginnen erst gar nicht, die Ursachen zu bekämpfen. Sie tun dies dann, weil Sie Ihre eigene Effektivität geringer einschätzen, als Sie es mit einer optimistischen Ausrichtung tun würden. Ein Gefühl der Hoffnungslosigkeit kann entstehen, wenn
- Sie negative Ereignisse in Ihrem Leben als global und stabil ansehen.
- Sie negativen Ereignissen in Ihrem Leben eine höhere Bedeutung beimessen als positiven.
- Sie stark an Ihrem Selbstwert zweifeln und Ihre Fähigkeiten unterbewerten.

Pessimistische Menschen fühlen sich generell schlechter und sehen, unabhängig von der tatsächlichen Situation, vermehrt die «schwarze Seite». Bei Ängstlichkeit kommt es leicht zur Anhäufung von kleinen Ärgernissen, die dann Stress erzeugen. Pessimistische Menschen zeigen nach bedeutsamen Veränderungen im Leben mehr emotionalen Stress als Menschen mit niedrigeren Pessimismus-Werten. Auch sind sie durch alltägliche Probleme bereits mehr gestresst als andere. Doch es geht auch anders.

Dem Stress mit Resilienz begegnen
Insbesondere die Resilienzforschung hat sich mit dem Stresserleben von Menschen in unterschiedlichsten Lebenslagen beschäftigt und ist der Frage nachgegangen, warum Menschen auf gleichartige Belastungen völlig unterschiedlich reagieren. Unter Resilienz versteht man die innere Widerstandskraft, man könnte auch sagen die Fähigkeit, sich nicht unterkriegen zu lassen. Wie sich in vielen Studien zeigte, gibt es Menschen, die trotz Einwirkung etlicher Stressoren keine Stressalarmreaktion erleben. Woran liegt das?

Nach Auffassung der Resilienzforscher ist dies auf folgende Eigenschaften zurückzuführen, die resiliente Menschen auszeichnen:

1. Sie haben die Überzeugung, die Ereignisse in ihrem Leben weitgehend selbst beeinflussen zu können.
2. Sie sehen selbst solche Ereignisse, die Stress auslösen könnten, in der Regel als kontrollierbar und deshalb als weniger bedrohlich und gefährlich an. Daher gehen sie optimistisch an die Problemlösung heran und versuchen, diese auf die Ursache des Problems ausgerichtet auszuführen.
3. Sie schätzen sich selbst und ihre Arbeit als wichtig und wertvoll ein und stufen Ereignisse, die anderen Menschen Stress bereiten, als normale Ereignisse ein.
4. Sie betrachten Situationen, die bei anderen Menschen Stress auslösen würden, als eine Herausforderung, an der sie wachsen können, und nicht als eine persönliche Bedrohung.
5. Sie pflegen eine gute Beziehung zu ihren Familien und zu Freunden, mit gegenseitiger Wertschätzung und Unterstützung.
6. Sie verfolgen realistische und zugleich anspruchsvolle Ziele zusammen mit der Überzeugung, diese auch tatsächlich erreichen zu können.

Ein hohes Maß an Resilienz kann die Ursachen und die schädlichen Auswirkungen von Stress natürlich nicht völlig beseitigen, kann sie jedoch erheblich reduzieren.

Die richtigen Prioritäten setzen
Eine Hauptursache für zu viel Stress in unserem Leben ist die, dass wir uns oft nicht bewusst genug machen, was uns wirklich wichtig ist. Das verleitet dazu, Aufgaben und Verantwortlichkeiten unreflektiert zu übernehmen und sich so immer mehr aufzubürden und sich schließlich damit zu überlasten. So kann man jedoch weder treffsicher entscheiden noch effektiv handeln. Viele Dinge bleiben unerledigt, andere werden halbherzig angegangen, manche bleiben einfach auf der Strecke. Damit wachsen Druck und Unzufriedenheit natürlich stetig.

Vermeiden Sie diese Stressfalle, indem Sie Prioritäten setzen. Das bedeutet, dass Sie bestimmte Lebensbereiche, Aufgaben oder Projekte (beruflich oder privat) bewusst an die erste Stelle in Ihrem Leben setzen und dann Zeit, Energie und Geld immer zuerst in diese Prioritäten investieren, bevor Sie sich um andere Aufgaben und Verpflichtungen kümmern.

Wie genau wissen Sie eigentlich, was Sie erreichen wollen, was Sie zufrieden und glücklich macht? Finden Sie heraus, was Ihnen wirklich etwas bedeutet – und was letztlich nur Dinge sind, die für andere wichtig sein mögen, jedoch an Ihren eigenen Intentionen vorbeigehen. Stellen Sie fest, was bei Ihnen Priorität hat und worauf Sie verzichten können, und richten Sie Ihre Zeitplanung danach aus. Finden Sie diejenigen Ziele, die jetzt für Ihr Leben die größte Relevanz haben. Klare Ziele schaffen Orientierung und helfen Ihnen dabei, Ihre Zeit und Ihre Energie konzentriert einzusetzen.

Übung: Prioritäten entwickeln

Gönnen Sie sich für diese Übung eine Woche lang Zeit – natürlich nicht am Stück, sondern täglich ein- oder zweimal etwa 10 Minuten.
1. Denken Sie nach und schreiben Sie alles auf, was Ihnen im Leben etwas bedeutet. Stellen Sie sich Fragen wie:
   – Was würde ich am liebsten erreichen?
   – Womit beschäftige ich mich besonders gern?
   – Welche Menschen bedeuten mir viel? Mit welchen Menschen bin ich gerne zusammen? Auf wen freue ich mich?
   – Was fände ich gut zu besitzen?
   – Was macht mir am meisten Spaß oder Freude?
   – Über welche Fähigkeiten würde ich gerne verfügen?

Schreiben Sie frisch von der Leber weg und denken Sie dabei an ganz unterschiedliche Bereiche Ihres Lebens, wie beispielsweise Ihre persönlichen Beziehungen, Ihr Berufsleben, Ihre persönliche Weiterentwicklung, Kreativität, Sicherheit, soziales, politisches oder gesellschaftliches Engagement usw. Legen Sie die Sammlung beiseite, wenn Ihnen gerade nichts mehr einfallen will, und nehmen Sie sie sich später wieder vor. Oft kommen die «tieferen» Bestrebungen dann zum Vorschein, wenn Sie die ganz offensichtlichen Anliegen und Zielsetzungen schon auf dem Blatt stehen haben. Streichen Sie nichts durch, ergänzen Sie einfach nur, was Ihnen Weiteres einfällt.

Wenn Sie gefühlsmäßig den Eindruck haben, nun hätten Sie alles Wichtige erfasst (kleiner Hinweis für Perfektionisten: es geht nicht um eine absolut vollständige Liste, sondern um eine Liste mit den Ihnen wichtigen Dinge, die auch später jederzeit weiter ergänzt werden kann), dann gehen Sie zum nächsten Schritt über.

2. Ordnen Sie all das, was Sie als Ihnen wichtig erkannt haben, nach einer Skala von 1 (sehr wichtig) bis 10 (wenig wichtig) ein. Filtern Sie daraus dann wiederum die 5 bis höchstens 10 allerwichtigsten Punkte heraus und halten Sie diese schriftlich fest unter der Überschrift: «Diese Anliegen und Ziele stehen derzeit für mich im Vordergrund»:

    1. _____
    2. _____
    3. _____
    4. _____
    5. _____

3. Prüfen Sie noch einmal sehr sorgfältig, ob Ihre wichtigsten Punkte tatsächlich die wichtigsten sind und die Liste keine Punkte enthält, die Sie wichtig finden «sollten». Es ist Ihre persönliche Liste und nicht etwas, was den Ansprüchen anderer oder abstrakten Wertmaßstäben zu genügen hat. Gradmesser sind ausschließlich Ihre eigenen Gefühle. Seien Sie ehrlich zu sich selbst und verändern Sie gegebenenfalls Ihre Auflistung noch einmal entsprechend.

4. Mit dieser persönlichen Liste haben Sie nun dasjenige in den Vordergrund gestellt, was Ihnen wirklich etwas bedeutet, d.h. Ziele und

> Anliegen, deren Verwirklichung Ihnen Gefühle der Freude, der Zufriedenheit, des Erfüllt-Seins beschert. Ist Ihr Zeit-, Geld- und Energieeinsatz darauf ausgerichtet, diesen besonders wichtigen Anliegen und Zielen gerecht zu werden?
> Ja? Bestens, dann haben Sie ganz grundsätzlich schon die richtigen Prioritäten gesetzt.
> Nein? Dann überlegen Sie, was Sie verändern können, um künftig die richtigen und stimmigen Prioritäten zu setzen.

Achten Sie als Schneller Macher insbesondere darauf, den Zeitaufwand für Ihre Prioritäten eher großzügig als zu eng zu bemessen. Als Perfektionist ist es besonders wichtig, dass Sie Ihre Prioritäten klar setzen – hören Sie dabei im Zweifel eher auf Ihr Gefühl, als endlos Vor- und Nachteile abzuwägen. Als Harmonieorientierter sollten Sie ein besonderes Augenmerk darauf richten, dass Ihre Liste sich nicht vorrangig daran orientiert, anderen zu gefallen, sondern dass Ihre eigenen Wünsche und Bedürfnisse im Vordergrund stehen.

Wer im Alltag zu viel Zeit aufwendet, um sich mit Nebensächlichkeiten zu beschäftigen, vernachlässigt damit die für die Zielerreichung wichtigen Aufgaben. Wesentliches von weniger Wesentlichem zielsicher unterscheiden zu können und den Unterschied zwischen wichtig und eilig nicht nur zu kennen, sondern die eigenen Prioritäten entsprechend auszurichten wirkt sich unmittelbar auf die eigene Lebensqualität aus. Erfolgreich und mit dem Leben zufrieden ist, wer sich vorrangig um das Wesentliche kümmert. Auch dies ist ein Bollwerk gegen Stressalarm. Obwohl dieser Zusammenhang ganz offensichtlich ist, wird er von vielen Menschen missachtet, indem sie sich verzetteln und Nebensächlichkeiten an die erste Stelle in ihrem Leben setzen und sich bei der alltäglichen Arbeit oft nicht an der Wichtigkeit einer Aufgabe, sondern eher an der Bequemlichkeit, am Druck anderer und an allen möglichen Zufälligkeiten orientieren. Das sollte Ihnen nicht (länger) passieren.

Im Sinne von Erfolg, Lebenszufriedenheit und Stressprophylaxe ist es essentiell, sich tatsächlich vorrangig um das Wichtige zu kümmern. Indem Sie sich nun entschieden haben, bestimmte Anliegen und Ziele in den Vordergrund zu stellen, ergeben sich daraus positive Konsequenzen für Ihre Prioritätensetzung. Sie können jedoch nicht alles auf einmal angehen. Manche Ihrer Anliegen und Ziele erfordern viel Zeit und Energie, sodass andere Ziele – zumindest für einen gewissen Zeitraum – ausgeschlossen sind. Geben Sie sich nicht der Illusion hin, «irgendwie» würden Sie schon alles schaffen, sondern treffen Sie klare Entscheidungen. Je konsequenter Sie bei diesem Punkt mit sich selbst sind, desto stärker können Sie Ihre Kräfte bündeln.

Das Eisenhower-Prinzip
Bei Ihrer Zeitplanung ist es sinnvoll, dass Sie sich zunächst fragen, in welcher Reihenfolge Sie anstehende Aufgaben bzw. Tätigkeiten am besten angehen bzw. ob Sie die Aufgaben nicht vielleicht besser an jemand anders delegieren oder unerledigt lassen wollen. Eine gute Orientierungshilfe ist das sogenannte «Eisenhower-Prinzip», bei dem zwischen Wichtigkeit und Dringlichkeit unterschieden wird. Wichtige Aufgaben sind von ihren Konsequenzen her «gewichtig». Dringende Aufgaben haben eine zeitnahe «Deadline». Trägt man nun Wichtigkeit und Dringlichkeit in einem Diagramm auf, lassen sich vier Aufgabentypen unterscheiden: A-Aufgaben sind sowohl wichtig als auch dringend, B-Aufgaben sind wichtig, aber nicht dringend, C-Aufgaben sind dringend, aber nicht sonderlich wichtig. Ps sind weder wichtig noch dringend und gehören damit in den Papierkorb. Konzentrieren Sie Ihre Aufmerksamkeit auf As und Bs. B-Aufgaben, die langfristige Zielsetzung und Planung, die für Ihren Lebenserfolg und Ihre Zufriedenheit sehr wichtig sind, werden oft zugunsten von C-Aufgaben hintangestellt. Holen Sie sich für die Cs lieber Unterstützung oder delegieren Sie hier, wo immer es geht, und widmen Sie die eingesparte Zeit Ihrer persönlichen Zukunftsplanung.

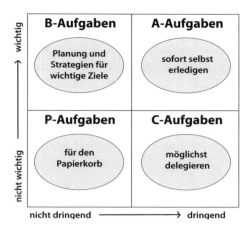

Manche Aufgaben wollen Sie tun und manche Aufgaben müssen Sie tun. Es gibt Erwartungen und Abhängigkeiten, die Ihnen häufig nur wenig Spielraum lassen. Sie müssen bestimmte Aufgaben einfach erledigen. Wichtiger jedoch als alle äußeren Zwänge sind Ihre Ziele und das, was Sie aus Ihrem Leben machen möchten. Nur so können Sie entscheiden, was wichtig ist und was nicht bzw. was Sie tun müssen und was nicht. Erstellen Sie täglich eine schriftliche Prioritätenliste: Bestimmen Sie, was zuerst erledigt wird, und legen Sie die notwendigen Schritte nach Wichtigkeit und Dringlichkeit fest. Verplanen Sie die Zeit nicht vollständig, sondern lassen Sie etwa 30 Prozent frei für Unvorhergesehenes. Diese Maßgabe ist vor allem für den Schnellen Macher wichtig, der dazu neigt, jede Minute des Tages ausfüllen zu wollen.

Unterstützende Leitfragen zum Prioritätensetzen:
- Welche Aufgabe bringt mich jetzt meinen Zielen einen Schritt näher?
- Bei welcher Aufgabe steht das meiste Geld auf dem Spiel?
- Muss ich dies unbedingt selbst durchführen – kann es nicht genauso gut (oder sogar besser) von jemand anderem erledigt werden?
- Was passiert, wenn die Aufgabe nicht oder nur unvollständig ausgeführt wird?

Zeitmanagement beinhaltet die Kunst, die Zeit optimal einzuteilen und zu nutzen. Für das Stressmanagement ist es nicht das vorrangige Ziel, möglichst viel in kurzer Zeit zu erledigen (was ja, wenn Sie ein Schneller Macher sind, sogar Teil Ihres Problems ist), sondern es geht vor allem darum, das Wichtige in der richtigen Reihenfolge zu tun. Ein ausgewogenes Zeitmanagement erlaubt es Ihnen auch, die wichtigen Zeiten für Ihre Erholung und Regeneration mit einzuplanen!

Nutzen Sie die Phasen Ihrer täglichen Höchstform, um A- und B-Aufgaben abzuarbeiten, und lassen Sie die unwichtigeren C-Aufgaben konsequent liegen, wenn Sie sie nicht delegieren können. Machen Sie sich immer wieder klar: Sie können nicht alles erledigen – und schon gar nicht alles zur selben Zeit. Schieben Sie diese C-Aufgaben auf Ihre «schwächeren» Zeiten. Gerade in Ihren Hoch-Phasen hat stets das Wesentliche Vorrang.

Die Säge schärfen
Stärkung der eigenen Kompetenzen vermindert Stress. Je erfahrener und geübter man ist, desto souveräner kann man viele Situationen bewältigen. Fehlende Fertigkeiten können zu massivem Stress führen bis hin zur Hilflosigkeit. Je geringer die reale oder subjektive Kontrollmöglichkeit über eine Situation ist, desto mehr Stress entsteht. Das bedeutet: Je besser wir uns in unseren Aufgabenfeldern auskennen und auch Fähigkeiten im zwischenmenschlichen Bereich beherrschen, desto mehr Situationen können wir souverän bewältigen und desto weniger stressanfällig sind wir.

Fähigkeiten in der Kommunikation und im Sozialverhalten spielen also in der erfolgreichen Stressprophylaxe ebenfalls eine grosse Rolle. Dazu gehören Fähigkeiten wie: Ärgerkontrolle, zuhören können, anderen Aufmerksamkeit widmen, Durchsetzungsvermögen, Selbstvertrauen, Kontaktfähigkeit, Redegewandtheit usw. Wie verschiedene Forschungsergebnisse zeigen, hat der systematische Ausbau dieser Soft Skills einen deutlichen Rückgang von Stressproblemen zur Folge.

Im Folgenden finden Sie eine Auflistung von Fähigkeiten, die eine gute Basis für die Verbesserung der Stresskompetenz darstellen können:

- Kommunikation
  - rhetorische Fähigkeiten,
  - angriffsfreie Darlegung eigener Wünsche,
  - (aktives) Zuhören.
- Soziale Kompetenz
  - Forderungen stellen, Bedürfnisse artikulieren,
  - Abgrenzung, «Nein» sagen,
  - sich selbst vertrauen,
  - verhandeln, Win-win-Situationen schaffen,
  - eigene Vorstellungen durchsetzen.
- Führung
  - sich und andere motivieren,
  - sinnvoll delegieren,
  - Kontrolle,
  - Wertung, Beurteilung.
- Arbeitsmethodik
  - Zeitmanagement,
  - Planung,
  - Organisation.

Da wir tagtäglich mit vielen unterschiedlichen Stressoren konfrontiert sind und irgendwie mit ihnen umgehen müssen (Arbeitsüberlastung, Unvorhergesehenes, Konflikte, Ärger, unangenehme Verpflichtungen, Kritik usw.), wenden wir auch unbewusst laufend Energie auf, um die innere Balance zu halten oder sie wieder herzustellen. Ein Eingreifen in der Orientierungsphase bedeutet, aktiv etwas zu tun, um Stressalarm zu vermeiden.

In der Alarmphase: Stressalarm abschwächen

Unmittelbar auf die Orientierungsphase, in der entschieden wird, ob etwas bedrohlich ist oder nicht, folgt im Falle der Wertung «bedrohlich» sofort die Phase zwei: Es wird Alarm ausgelöst. Im Gegensatz zur Orientierungsphase ist die Alarmphase nur sehr begrenzt beeinflussbar, da in das Wechselspiel zwischen Hypothalamus, der Hypophyse, den Nebennieren und dem vegetativen Nervensystem nicht so ohne Weiteres willentlich eingegriffen werden kann.

Hier geht es vorrangig darum, die akute Erregung zu dämpfen, damit äußere Stressoren und stresserzeugende Gedanken sich nicht gegenseitig noch weiter hochschaukeln. Auch wenn Sie bereits mitten in einer Stressalarmreaktion stecken und beispielsweise heftiges Herzklopfen verspüren, Ihnen der Schweiß ausbricht, Sie zunehmend hektischer agieren, Ihre Hände feucht werden usw. und Sie starke Angst- oder Wutgefühle in sich aufsteigen fühlen, können Sie durch rasche Gegenmaßnahmen Einfluss nehmen, bevor Ihr Denk-Hirn sich «abschaltet» und die älteren Hirnteile die Regie übernehmen – was leicht dazu führen kann, dass Sie affektgesteuert Dinge tun, die Sie hinterher bereuen. Ein Eingreifen in diesem Stadium ist zu vergleichen mit dem Einsatz der Feuerwehr, mit dem ein Übergreifen der Flammen auf den Dachstuhl, nämlich eine Eskalation der Stressalarmreaktion, verhindert werden soll. Dies gilt für alle drei Stresstypen in den jeweils für sie typischen Stresssituationen gleichermaßen. An Möglichkeiten stehen uns hier einige einfache Interventionen zur Verfügung:
- Gedankenstopp,
- bewusste Atmung, bewusstes Loslassen,
- Ablenkungen, wie beispielsweise sich mit etwas anderem zu beschäftigen, sich mit jemandem über belanglose Dinge zu unterhalten, usw.,
- beruhigender, aufbauender und bestärkender innerer Dialog.

Setzen Sie ein Stopp mit Ihrem Atem
Im Gegensatz zum Herzschlag wird die Atmung nicht nur über das vegetative Nervensystem gesteuert, sondern wir können unsere Atmung zum Teil auch willentlich beeinflussen; in der Regel atmen wir völlig unbewusst. Angst, Stress, Freude, Ärger, Aufregung, aber auch Ruhe und Entspannung verändern stets automatisch auch die Atmung. So ist es unmöglich, emotional aufgewühlt zu sein und zugleich ruhig und gleichmäßig zu atmen. Umgekehrt ist es aber ebenso möglich, über den Atemrhythmus Einfluss auf Gefühle und Körperfunktionen zu nehmen.

Unter Stress halten wir oft unbewusst den Atem an bzw. atmen flach und stockend, ziehen unwillkürlich auch die Schultern hoch. Durch dieses Hochziehen der Schultern wird nur der obere Lungenbereich für den Luftaustausch genutzt. Die Atmung bleibt flach, auch wenn wir tiefere Atemzüge nehmen wollen. Dadurch verstärkt sich das Gefühl der Enge, wir atmen schneller, um genügend Luft zu bekommen, hyperventilieren vielleicht sogar. Die Atemhilfsmuskulatur verspannt sich, die Stresssymptome verstärken sich, die Herzfrequenz steigt an. Die Balance zwischen Sauerstoff und Kohlendioxid gerät aus dem Gleichgewicht. Dies kann zu Übelkeit, Schwindelgefühlen und Herzklopfen führen. Dadurch wachsen wiederum Angst und Engegefühle, die Atmung wird noch schneller, die Stresssymptome verstärken sich weiter usw. Sie sehen, wir haben es wieder mit einer Stressspirale zu tun.

Ein einfaches und sehr wirkungsvolles Mittel, diesen verhängnisvollen Kreislauf zu stoppen, ist die Anti-Stressatmung. Sie zielt darauf ab, die Sauerstoff-Kohlendioxid-Balance wiederherzustellen, und hilft, dass wir uns wieder beruhigen. Und so geht es:

Die Anti-Stressatmung
1. Wenn Ihnen bewusst wird, dass Sie unter Stress stehen und Ihre Atmung schnell und flach geht, dann legen Sie die Hände gewölbt über

Mund und Nase. Halten Sie die Finger dabei dicht geschlossen, sodass sichergestellt ist, beim Einatmen nicht sauerstoffreiche frische Luft, sondern Ihre eigene Ausatmungs-Luft wieder einzuatmen.
2. Atmen Sie ca. zwei bis drei Minuten in Ihre gewölbten Hände, bis Sie spüren, dass Sie ruhiger werden und die Stressalarmsymptome nachlassen.
3. Lassen Sie die Hände sinken, richten Sie sich auf, sodass Sie aufrecht stehen oder sitzen, ziehen Sie die Schultern etwas zurück und gleichzeitig nach unten. Atmen Sie einige Male langsam und wiederum durch die Nase in Zwerchfell und Bauch hinein und lassen Sie die Luft wieder ausströmen.
4. Stellen Sie sich dabei Folgendes vor:
   – Mit jedem Einatmen schöpfen Sie frische Energie.
   – Mit jedem Ausatmen lassen Sie immer mehr Druck ab.
5. Wenn Sie spüren, dass Ihre Alarmsignale schwächer und schwächer werden und allmählich ganz verblassen, dann schließen Sie die Übung mit einem tiefen Erleichterungs-Seufzer ab.

Setzen Sie ein Stopp über mentale Steuerung

Greifen Sie mit einem aufbauenden inneren Dialog gezielt in die Bewertung der stressauslösenden Reize ein. Jemand, der sich beispielsweise auf eine komplizierte Verhandlungssituation in Gedanken Mut zuspricht mit Sätzen wie «Das kriege ich hin» und sich Referenzsituationen ins Gedächtnis ruft, die er gut gemeistert hat, wird sich wahrscheinlich eher auf das Anstehende konzentrieren können und die Situation besser in den Griff bekommen als jemand, der sich in dieser Lage Katastrophenfantasien hingibt, indem er die Erinnerung an Situationen aktiviert, in denen er schlechte Ergebnisse erzielt hat oder ganz gescheitert ist. Jetzt Gedanken zuzulassen wie «Das schaffe ich nie» verschärft die Stresssituation und untergräbt die Erfolgsaussichten. Zudem würde man so auch die körperlichen Stressreaktionen wie beispielsweise stockenden Atem, Engegefühl in der Brust, Schwindelgefühle, Herzrasen, weiche Knie usw. weiter eskalieren lassen, die ihrerseits dann wiederum die Angstgefühle verstärken und das reflektierende, lösungsorientierte Denken schließlich ganz ausschalten.

Vergeuden Sie in einer Stresssituation also keinesfalls Ihre Energie damit, sich zu ängstigen und auszumalen, was jetzt alles Schlimmes passieren könnte. In negativen Gedankenschleifen kann man sich leicht verheddern und sich vollends kopflos machen. Lassen Sie es nicht so weit kommen! Sagen Sie «Stopp» zu sich selbst und schieben Sie diese Gedanken nachdrücklich beiseite. Werden Sie sich klar darüber, welche stresserzeugenden Überzeugungen und welche Antreiber gerade am Werke sind, und setzen Sie gezielt entsprechende «Gegengifte» ein (siehe S. 70 ff.). Wer darauf verzichtet, sich in einer Stresssituation Befürchtungen hinzugeben und sich persönliche Desaster auszumalen, gibt dem Stress weniger Raum.

Durch wiederholte Selbstbestärkung («Das gehe ich jetzt an. Das kriege ich hin!») und Lenkung der Wahrnehmung auf positive Aspekte der Situation («Wie gut, dass ich diesen Fehler rechtzeitig bemerkt habe») können Sie der kritischen Situation weiter die Brisanz nehmen.

Schaffen Sie Abstand

Manchmal lässt sich der Stressalarm auch abbremsen, indem Sie sich einige Momente bewusst ablenken und Ihre Aufmerksamkeit konzentriert auf etwas anderes richten. Lösen Sie Schultern, Kiefer und Nacken, atmen Sie tief und langsam ein und ebenso langsam wieder aus. Konzentrieren Sie sich auf etwas, was mit Ihrem akuten Stress nichts zu tun hat, um innere Distanz zu gewinnen, wie etwa
- die Wahrnehmung bestimmter Aspekte Ihrer Umgebung (diese Füllfeder hat eine gelungene Form, die Sonne spiegelt sich im Glasschrank usw.),
- das Aufräumen Ihres Schreibtisches,

- ein nettes, belangloses Gespräch mit jemand anderem,
- die Vorstellung, Sie seien ein unbeteiligter Beobachter, der sich in diesem Moment die Situation von außen anschaut.

Natürlich ist damit Ihr stresserzeugendes Problem nicht gelöst, doch Sie gewinnen erst einmal Abstand und unterbrechen damit die Stressspirale. Sie «verdrängen» damit auch nichts. Das Problem, das Sie beiseite gestellt haben, läuft Ihnen ganz sicher nicht weg. Widmen Sie sich ihm später, wenn die Stressreaktion abgeklungen ist und Sie Ihr inneres Gleichgewicht wiedergefunden haben. Dann können Sie in Ruhe eine Problemanalyse durchführen und sich auf die Suche nach einer Lösung machen, analog des auf Seite 58 vorgestellten Problemlöseschemas. Vermeiden Sie es unbedingt, während eines akuten Stressalarms eine wichtige Entscheidung zu treffen. (... Natürlich außer der, Ihren Stress möglichst effektiv in den Griff zu bekommen.) Stress blockiert das Denkvermögen.

Unter optimalen Bedingungen kann unser Gehirn drei bis fünf Informationen pro Sekunde aufnehmen und verarbeiten. Unter Stress sinkt die Aufnahme- und Verarbeitungsfähigkeit auf weniger als zwei Informationen pro Sekunde. Lassen Sie sich nicht unter Druck setzen. Nicht umsonst spricht der Volksmund von «Es wird nicht alles so heiß gegessen, wie es gekocht wird». Oder: «Erst mal eine Nacht darüber schlafen.»

Der Trick dabei ist: Sobald es Ihnen gelingt, in der stressigen Situation innerlich etwas Abstand zu gewinnen, indem Sie Ihr Denkhirn wieder «einschalten» und es dazu nutzen, sich auf etwas Sachliches und emotional wenig Besetztes zu konzentrieren, bleibt kein Raum für stressfördernde Gedanken. Folge: Die Alarmreaktion schwächt sich ab. Sie können wieder klar und lösungsorientiert denken.

In der Anpassungsphase: Aktiv werden

(Mit kurzen Tipps für alle Stresstypen)
Wenn der Stressauslöser weiter wirksam ist, verwandelt sich in der Phase drei, der Anpassungsphase, der Stressalarm in eine dauerhafte Stressreaktion. In der Anpassungsphase geht es in erster Linie um Aktion! Schließlich diente die Alarmphase ja ursprünglich dazu, Sie mittels Hormonausschüttung, Blutdrucksteigerung, Erhöhung der Zucker- und Fettsäurespiegel in einen Super-Aktionszustand zu bringen. Wie gehen Sie gewöhnlicherweise mit diesem Zustand geballter Energie um? Jeder hat sein persönliches Repertoire an Stressbewältigungsmaßnahmen, die ihm dabei helfen, mit Stressreaktionen umzugehen. Viele davon sind so in Fleisch und Blut übergegangen, dass wir sie ganz automatisch einsetzen, ohne je darüber nachzudenken, ob sie wirklich effektiv sind oder ob manches davon uns letztlich vielleicht mehr schadet, als es uns nützt.

Erweitern und verändern Sie Ihre Stressbewältigungsmaßnahmen!
Jeder Mensch erlernt im Lauf seines Lebens eine Reihe von mehr oder weniger effektiven Stressbewältigungsstrategien. Was genau tun Sie gewöhnlicherweise, unmittelbar nachdem Sie einem Stressalarm ausgesetzt waren?

_____
_____
_____

Was tun Sie längerfristig betrachtet? Nach Feierabend? Im Urlaub?

_____
_____

Diese Strategien haben Sie erworben entweder durch
- Lernen am Erfolg (nach gelungener Stressreduktion),
- Lernen durch Einsicht (im weitestem Sinne) oder
- Lernen am Modell (Nachahmung anderer Personen)

Durch neue Erfahrungen können Sie diese persönlichen Strategien erweitern oder auch wenig effektive Stressbewältigungsstrategien durch wirksamere ersetzen. So gibt es beispielsweise Maßnahmen, die zwar kurzfristig Stress lindern, indem sie sofort zu entlasten scheinen, langfristig aber den Stress noch weiter erhöhen (wie z. B. ignorieren der Belastung, rauchen, Alkohol, abhängen vor dem Fernseher mit fett- oder zuckerreichen Snacks).

Zu den Strategien, die Stress kurz- und längerfristig tatsächlich lindern helfen und die Stresshormone im Blut abbauen, gehört als wesentliches Element, sich Bewegung zu verschaffen. Genau dies war ja der ursprüngliche Sinn und Zweck der Stressreaktion: den Organismus in Top-Form zu versetzen, damit er besonders gut aktiv werden kann, wenn sich der Säbelzahntiger anschleicht.

Stress-Sofortausgleich

Finden Sie einen Weg, unmittelbar nach der Stressreaktion körperlich aktiv zu werden, statt auf Ihrem Stuhl sitzen zu bleiben. Ihren Stresshormonspiegel können Sie nur durch Bewegung normalisieren. Bauen Sie den aufgestauten Stresshormoncocktail ab, indem Sie sich aktiv abreagieren. Lassen Sie nicht zu, dass überschüssige Energie Ihren Blutdruck dauerhaft in die Höhe schraubt. Dabei muss gar nicht viel Aufwand betrieben werden. Verschaffen Sie neben der körperlichen Aktivität auch Ihren Gefühlen Luft. Nutzen Sie die Gelegenheiten, die für Sie handhabbar sind. Es braucht nicht lange zu dauern, aber unternehmen Sie etwas, bleiben Sie nicht einfach auf Ihrem Stuhl sitzen.

Beispiele:
- Hauen Sie mit der Faust auf den Tisch oder stampfen Sie mit dem Fuß auf und schimpfen Sie dabei nach Herzenslust.
- Gehen Sie beispielsweise in den Waschraum und machen Sie dort Schattenboxen: Stellen Sie sich locker hin und blicken Sie geradeaus. Winkeln Sie die Arme vor der Brust an, wie ein Boxer in Verteidigungsposition. Führen Sie die Fäuste ein bis zwei Minuten lang abwechselnd vor und zurück, wie bei einem imaginären Boxkampf. Atmen Sie beim Vorwärtsstrecken geräuschvoll aus. Strecken Sie die Ellenbogen aber nicht voll durch, um die Gelenke nicht zu überlasten.
- Öffnen Sie die Fenster, atmen Sie tief durch und stellen Sie sich bei jedem Atemzug vor, dass Sie Stress und Aufregung aus- und Ruhe und Gelassenheit einatmen. Machen Sie nach vier bis fünf Atemzügen in rascher Folge einige Überkreuz-Übungen (rechter Ellbogen–linkes Knie, linker Ellbogen–rechtes Knie) oder laufen Sie ein paar Minuten auf der Stelle, bis Sie leicht außer Atem kommen.
- Wenn Sie die Möglichkeit haben, sich für etwa zehn Minuten zurückziehen zu können, dann gehen Sie mit schnellen Schritten eine Runde um den Block. Atmen Sie vier Schritte lang ein und vier Schritte lang aus. Stellen Sie sich beim Ausatmen vor, wie die Anspannung, der Ärger, alle Widrigkeiten mehr und mehr weichen, und beim Einatmen, wie Sie neue Kraft schöpfen.
- Ballen Sie die Hände zu Fäusten. Spannen Sie gleichzeitig Ihre Arm-, Gesichts- und Bauchmuskeln fest an. Lassen Sie dann wieder locker. Machen Sie diese Übung mehrmals nacheinander.
- Laufen Sie einige Male eine Treppe hinauf und hinunter.
- Spezieller Tipp: ein Heimtrainer fürs Büro, auf dem sich jeder unter dem Vorwand des Kreislauftrainings abreagieren kann, wenn ihm danach zumute ist.

Kurze Bewegung zwischendurch

Sorgen Sie ganz allgemein für einen «bewegteren» Alltag: Bewegung sorgt über die aktuelle Stresssituation hinaus noch dafür, dass Stresschemie und Fettsäuren nivelliert und somit der Stress verarbeitet werden kann.

Gerade wenn Sie keinen «richtigen» Sport treiben wollen oder können, dann hilft es schon viel, wenn Sie sich über den Tag verteilt für ein paar Minuten bewegen. Hüpfen und laufen Sie auf der Stelle und machen Sie ein paar Stretching- und Atemübungen. Gewöhnen Sie sich an, im Sitzen regelmäßig Beine und Arme zu bewegen, die Muskeln zu dehnen, vor allem die viel beanspruchte Nackenmuskulatur. Ändern Sie auch immer wieder die Sitzhaltung, stehen Sie öfter auf und gehen Sie etwas herum. Sie «verlieren» dadurch nicht viel Zeit, gewinnen aber an Energie und bleiben körperlich in einem guten Zustand.

Steigen Sie auch jede Treppenstufe, derer Sie habhaft werden können, und gehen Sie überhaupt möglichst viel zu Fuß.

> **Treppensteigen ist erstaunlich gesund**
>
> Regelmäßig statt des Aufzugs die Treppe zu nehmen hat deutlich mehr positive Konsequenzen auf die Gesundheit, als bisher angenommen: Hüftumfang, Körpergewicht, Cholesterinwerte, Blutdruck und Fettmasse verringern sich, wenn jemand konsequent täglich Treppen steigt. Dies haben Mediziner der Universität Genf herausgefunden.
> Im Rahmen eines zwölf Wochen andauernden Experiments mussten die in ihrem Alltag ansonsten wenig aktiven Freiwilligen auf den Aufzug verzichten und stattdessen treppauf, treppab zu Fuß gehen. Vor dem Experiment und hinterher unterzogen die Wissenschaftler die Teilnehmer umfangreichen Tests. Dabei veränderten sich deutlich verschiedene Messwerte:
> - Die Fähigkeit zur Aufnahme von Sauerstoff stieg um durchschnittlich 8,6 Prozent an.

- Der Hüftumfang verringerte sich durchschnittlich um 1,8 Prozent, das Gewicht um 0,7 Prozent, die Fettmasse um 1,7 Prozent.
- Der Wert des LDL-Cholesterins verminderte sich um durchschnittlich 3,9 Prozent.
- Der Blutdruck sank um durchschnittlich 2,3 Prozent.

Die Forscher empfehlen daher, konsequent Treppen zu benutzen und damit ein Plus an Bewegung ohne großen Aufwand in den Alltag zu integrieren.

Nach-Feierabend-Aktivität

Gerade in Zeiten mit großen Belastungen ist man oft verleitet zu denken, dass man keine Energie mehr für Sport aufbringen kann. Doch das Gegenteil ist der Fall: Der Körper will sich bewegen, auch wenn der Geist vielleicht müde ist. Schon 20 Minuten schnelles Gehen kann Gereiztheit, seelische und körperliche Verspannung vertreiben. Gerade wenn Sie sehr müde und erschöpft nach einem anstrengenden, stressreichen Arbeitstag nach Hause kommen, sich schlapp fühlen und schwere Beine haben, ist es gut, in Bewegung zu kommen, um den Stresspegel sinken zu lassen. Wahrscheinlich würden Sie sich dann lieber auf die Couch fallen lassen, den Fernseher einschalten und vor sich hindösen. Das dürfen Sie auch – aber erst, nachdem Sie sich vorher zu etwas Bewegung aufgerafft haben: eine Runde radeln, ein flotter Spaziergang durch den Park oder einfach durch Ihr Stadtviertel. Ihr Körper hat den ganzen Tag über Stressenergie freigesetzt, um Sie zu körperlicher Hochleistung zu befähigen, während Sie vermutlich den größten Teil des Tages sitzend verbracht haben. Kleiner Tipp: Gewöhnen Sie sich die Nach-Feierabend-Aktivität in kleinen Schritten an: Starten Sie möglichst niederschwellig mit nur 5 Minuten. Dies ist auf jeden Fall machbar. Das mag nun vom Effekt her noch nicht viel ausmachen, aber es ist der Einstieg und Sie etablieren mit diesem Mini-Programm eine neue Gewohnheit. Behalten Sie dies zwei Wochen so bei. Sie können gerne auch eine Stoppuhr verwenden, die Ihnen automatisch signalisiert, wann die Trainingszeit vorbei ist. Steigern Sie dann Ihre Aktivitätszeit schrittweise auf 7, auf 10, auf 15, 20, 25, 30 Minuten, immer im Zwei-Wochen-Takt. Falls Sie feststellen, dass mit wachsendem Zeitvolumen auch ein Hang zur Drückebergerei wächst, dann kehren Sie auf die Stufe zurück, auf der Ihr Programm noch gut funktioniert hat. Behalten Sie dieses Zeitvolumen wieder mindestens zwei Wochen bei, bevor Sie einen neuen Versuch starten, länger aktiv zu sein. – Haben Sie Geduld. Wenn Sie jahre- oder jahrzehntelang gewohnt waren, nach der Arbeit alle Viere von sich zu strecken, dann braucht es eine entsprechende Zeit, sich umzugewöhnen. Und selbst wenn Sie feststellen, dass alles, was über 10 oder 15 Minuten hinausgeht, unfehlbar Ihren inneren Schweinehund auf den Plan ruft, dann behalten Sie einfach diese Zeit bei. 10 Minuten sind sehr viel besser als gar nichts.

Aktivitäten für Schnelle Macher, Perfektionisten und Harmonieorientierte

Für die unterschiedlichen Stresstypen sind unterschiedliche Aktivitätsformen besonders effektiv. Ausdauersportarten bieten generell einen guten Stressausgleich, da der Körper dabei alle Stresshormone abbaut. Zudem unterstützt die infolge der Bewegungsaktivität einsetzende körperliche Ermüdung die spätere Erholungsphase. Außerdem wird durch Ausdauersport die Leistungsfähigkeit des Herz-Kreislaufsystems erhöht. Zahlreiche empirische Studien belegen mittlerweile, dass insbesondere Ausdauersportarten wie Jogging, Nordic Walking, Radfahren, Schwimmen, Skaten, Rudern etc., aber auch Krafttraining und Kampfsportarten das körperliche und seelische Wohlbefinden steigern. Kraft und Ausdauer eines jeden profitieren also davon, wenn er täglich eine Viertelstunde auf dem Laufband absolviert – aber dies liegt eben nicht jedem. Wenn Sie also lieber Gymnastik oder Kraftsport machen, so ist das völlig okay: Das Wichtigste ist, dass Sie überhaupt aktiv werden und dass Sie Aktivitäten finden, die zu Ihnen passen und die Ihnen Spaß machen – sonst wird Ihr persönliches Fitnessprogramm trotz bester Vorsätze bald wieder einschlafen. Versuchen Sie dabei in jedem Fall, zusätzlichen Erfolgs- und Leistungsdruck im Rahmen Ihrer sportlichen Betätigung zu vermeiden. So sind die Empfehlungen für die einzelnen Stresstypen auch wirklich nur als Empfehlung zu verstehen, die zwar vom Stressprofil her Sinn machen, aber keinesfalls als ein «Muss» zu verstehen sind.

Wenn Sie viele Anteile des Schnellen Machers in sich vereinigen, sind herausforderungsorientierte Sportarten etwas, was Ihnen wahrscheinlich Spaß machen wird, beispielsweise Krafttraining oder Kampfsportarten. Beides erfordert jedoch auch viel Konzentration und ist insofern das ideale Übungsfeld dafür, gegenwartsbezogen zu leben statt gedanklich in Pläne, Vorstellungen und anderes Kopfkino abzudriften. Sie müssen voll bei der Sache sein und sich auf das, was Sie tun, fokussieren. Damit üben Sie, Ihre Energie gezielt einzusetzen.

Für den Perfektionisten geht es darum, «egalisierende» Sportarten zu wählen, bei denen es darum geht, einen Rhythmus für das Ganze zu finden, und nicht darum, dass jede einzelne Bewegung formvollendet sein muss. Um dies zu üben, eignen sich beispielsweise gut: Walking, Jogging, Radfahren oder Schwimmen. Der gesamte Ablauf setzt sich hier stets aus vielen einzelnen Bewegungen zusammen, die mal stärker, mal schwächer, mal langsamer, mal schneller passieren und immer dem Gesamten untergeordnet sind.

Als Harmonieorientierter tut es Ihnen gut, sich mit anderen zusammenzutun, sei es in einem Mannschaftssport wie Handball, Fußball, Volleyball etc. oder bei Gruppentänzen. Hier lässt sich auch spielerisch die gleichwertige Zusammenarbeit im Team üben, in dem jeder ein wichtiger Bestandteil der Mannschaft oder der Gruppe ist und Geben und Nehmen ausbalanciert sind.

Bewegung in Maßen

Pro Woche genügen drei bis vier Trainingseinheiten von etwa 30 bis 45 Minuten Länge. Sie dürfen ruhig ins Schwitzen kommen – jedoch nicht in Atemnot. Sportliches Training ist auch nicht dazu gedacht, Schmerzen zu ertragen, ganz im Gegenteil. Sie sollen sich wohl dabei fühlen. Wenn die Muskeln schmerzen, sofort langsamer werden. Halten Sie den optimalen Puls für die Fettverbrennung: nicht mehr als 220 minus Lebensalter mal 0,7. Mit einem Pulsmesser (Sensor um die Brust mit Empfänger am Handgelenk) lässt sich das am besten kontrollieren. Wenn Sie regelmäßig Sport treiben, produzieren Sie weniger Stresshormone – bei gleicher Stressbelastung. Sport macht Sie belastbarer und widerstandsfähiger. Ihr Selbstbewusstsein erhöht sich, sie sind ausgeglichener und leistungsfähiger.

Trainieren Sie zwar regelmäßig, aber übertreiben Sie es nicht! Es steht hier nicht die Leistung, sondern die Stressbewältigung im Vordergrund. Fangen Sie ebenso wie bei Ihrer Nach-Feierabend-Aktivität mit kleinen Belastungen an. Erst wenn diese gut funktionieren und Bestandteil Ihres Alltags geworden sind, gehen Sie gegebenenfalls zu einer Steigerung über. Denken Sie vor allem auch daran, sich vor jedem Training mit einigen Stretching-Übungen in «Arbeitstemperatur» zu bringen, um die Muskulatur geschmeidig zu machen und in Ihrem nachfolgenden Training Verletzungen zu vermeiden.

> **Vorteile Ihrer körperlichen Aktivität**
>
> Aktiv zu werden und mehr Bewegung in Ihren Alltag zu bringen hat eine ganze Menge Vorteile für Sie. Sich dies immer wieder zu vergegenwärtigen hilft dabei, den inneren Schweinehund zu überlisten und bei hin und wieder ausbrechender Lustlosigkeit bei der Stange zu bleiben.

Das Körpergewicht senken oder halten
Außer der Steigerung des Energieverbrauchs beeinflusst Sport vor allem auch den Grundumsatz des Körpers, also seinen Energieverbrauch im Ruhezustand. Regelmäßiges körperliches Training hilft, die Muskelmasse stabil zu halten bzw. sie zu vergrößern. Muskeln sind wiederum für den Grundumsatz bedeutsam. Je mehr Muskelmasse ein Körper anteilig hat, desto höher ist sein Grundumsatz. Dadurch kann das optimale Körpergewicht auch beim Älterwerden müheloser gehalten werden.

Cholesterinspiegel senken
Regelmäßiger Sport senkt das «schlechte» Cholesterin (LDL-Cholesterin) und erhöht das «gute» Cholesterin (HDL-Cholesterin).

Herz-Kreislauf-System stärken
Der Körper bildet mehr Muskeln, um sich der Anstrengung anzupassen. Dies betrifft auch die Herzmuskulatur. Der Herzmuskel wird bei einer erhöhten körperlichen Belastung, wenn der Körper viel Sauerstoff und Energie braucht, leistungsfähiger.

Diabetes-Risiko vermindern
Muskeln verbrauchen durch körperliches Training verstärkt Energie, u.a. in Form von Zucker, wodurch der Blutzuckerspiegel sinkt und parallel dazu auch der Bedarf an Insulin.
Tipp: Wer zu Diabetes neigt, sollte daher vor allem auch unmittelbar nach dem Essen regelmäßig körperlich aktiv werden – beispielsweise einen Spaziergang machen.

Länger jung bleiben
Vergleicht man die verschiedenen physiologischen Messgrößen wie z. B. Herz-Kreislauf-System, Blutdruck, Zustand der Organe, Lern- und Merkfähigkeit usw. von Menschen über 50, die regelmäßig Ausdauersport treiben, mit Gleichaltrigen ohne körperliche Bewegung, so liegt das so-

genannte «biologische Alter» der regelmäßig Trainierenden deutlich niedriger.

Osteoporose verhüten
Beim Sport werden auch die Knochen belastet, was sie dazu anregt, dicker und härter zu werden. Da nach der Wachstumsphase die Knochenmasse ab dem 35. Lebensjahr stetig abnimmt, ist es wichtig, diesem Abbau durch körperliche Bewegung entgegenzuwirken, damit es im fortgeschrittenem Alter nicht zu Problemen durch Osteoporose kommt.

Entspannung fördern
Sport macht so richtig schön müde. Nach einer Phase physischer Anstrengung ist es viel leichter, locker zu lassen. Auch Probleme mit dem Schlaf werden durch körperliches Training positiv beeinflusst.

In der Erholungsphase: Lockerlassen

(Mit Empfehlungen für alle drei Stresstypen)
Die Erholungsphase, die auf die Anpassungsphase folgt, ist dazu gedacht, das Stresserleben zu verarbeiten und sich zu regenerieren. Das parasympathische Nervensystem muss Zeit haben, die Energiezufuhr herunterzuregulieren. Der Körper muss seine Energiespeicher wieder auffüllen.

Wenn Sie sich in der Anpassungsphase körperlich verausgabt haben, fällt die Entspannung umso leichter, und sie stellt sich fast von selbst ein. Entspannung ist ein wichtiger Bestandteil der Stressbewältigung und gleichzeitig auch der Stressprävention.

Hier schließt sich nun der positiv wirkende Kreis (siehe S. 49). Wer erholt ist, gerät nicht so schnell aus der Fassung, reagiert gelassener und arbeitet konzentrierter.

Ebenso wie Sie in der Anpassungsphase kurzfristig (d.h. unmittelbar nach dem Stressalarm), aber auch langfristig (indem Sie in Ihrer Freizeit sportlich aktiv werden und allgemein mehr Bewegung in Ihr Leben bringen) aktiv werden können, so hat auch die Erholung einen kurzfristigen und einen langfristigen Aspekt. Kurzfristige Erholung bieten Pausen während des Tages, in denen Sie lockerlassen und innerlich zur Ruhe kommen; langfristige Erholung erreichen Sie am besten, indem Sie gezielt eine Entspannungstechnik erlernen und regelmäßig durchführen. Aus der langfristigen Perspektive betrachtet, gehören zur Erholung darüber hinaus natürlich auch genügend Schlaf, eine gesunde Ernährung, gemeinsame Freizeitaktivitäten mit der Familie oder mit Freunden, ein beflügelndes Hobby usw.

Kleine Erholungshäppchen: Warum Pausen wichtig sind

Wenn Sie viel um die Ohren haben, vergeht ein Arbeitstag wie im Flug. Ein hohes Arbeitspensum, gepaart mit entsprechendem Zeitdruck, kann dazu verführen, die Mittagspause zu streichen, nur um alles schaffen zu können. Und wenn alle Stricke reißen und auch das nicht reicht, kann man ja noch Überstunden machen. Aus arbeitswissenschaftlicher Sicht ist dies jedoch beides nicht anzuraten. Denn Pausen sind wichtig, wenn die Anforderungen hoch sind, gerade dann ist die Zeit zum Durchatmen und Entspannen dringend angesagt.

Achten Sie auch in Zeiten überdurchschnittlicher Arbeitsbelastung auf regelmäßige Pausen. Eines der Erfolgsrezepte guter Leistung ist, sich zu erholen, bevor Erschöpfung einsetzt – dann bleiben Körper und Geist länger frisch. Oft unterschätzen wir, wie wichtig regelmäßige Pausen für uns sind. Wenn Sie sich normalerweise lediglich eine Mittagspause gönnen und ansonsten durcharbeiten, so genügt dies nicht. Zwischen Morgen und Mittag ist mindestens eine weitere Pause einzuplanen, ebenso zwischen Mittag und Feierabend. Experten empfehlen sogar, alle 90 Minuten eine Kurzpause einzulegen.

Machen Sie also regelmäßig Pause, und zwar solche Pausen, in denen Sie tatsächlich abschalten und sich erholen können, in denen Ihr Kopf nicht weiter mit Informationen gefüttert wird. Nicht so erholsam, wie es einem vielleicht vorkommen mag, sind beispielsweise Computerspiele oder Zeitschriftenlektüre. Im Internet zu surfen oder private E-Mails zu lesen ist als Pausenaktivität ebenfalls nicht das Wahre, denn während Ihre Augen auf dem Bildschirm hin- und herwandern, können Sie sich nicht erholen.

Geeigneter ist beispielsweise «Power-Napping», das kreative kleine Nickerchen, oder, wenn dies möglich ist, eine kleine Pause an einem Ort, wo Sie nicht gestört werden. Raucher machen regelmäßig Pausen an der frischen Luft. Ihr Ziel sollte sein, ebenso oft Pausen einzulegen – nur ohne zu rauchen. Verlassen Sie also den Arbeitsplatz für 10 Minuten und gehen Sie an die frische Luft, machen Sie einige Atem- und Dehnübungen. Nur wer seine Arbeit ab und zu für ein paar Minuten unterbricht, kann neue Kräfte tanken. Lassen Sie die Gedanken schweifen, schauen Sie sich entspannt um, lösen Sie Ihre Gedanken von der Arbeit, betrachten Sie die Wolken, die Bäume, die Vögel. Trinken Sie, wenn Sie wieder zurück sind, abschließend ein Glas Wasser.

Kleine Pausen entlasten und erhöhen die Konzentrationsfähigkeit. Sie sorgen dafür, dass Sie anschließend gestärkt und erfrischt weiterarbeiten können.

Mittags tut es gut, sich eine etwas längere Auszeit zu gönnen. Mindestens eine halbe Stunde sollten Sie dafür reservieren, denn es geht nicht nur darum zu essen, sondern sich auch ganz allgemein zu entspannen und neue Energie zu tanken. Auch wenn Sie sich in der Regel Ihr Mittagessen selbst mitbringen, statt in die Kantine zu gehen, sollten Sie nicht am Schreibtisch essen, denn da haben Sie zu wenig inneren Abstand zur Arbeit. Wechseln Sie am besten den Raum, essen Sie langsam und bewusst und machen Sie danach einen kurzen Spaziergang. Erholung ist notwendig, damit Sie gesund bleiben.

Die Vorstellung, dass in mehr Zeit entsprechend mehr geschafft wird, ist nicht immer richtig. Ab einer bestimmten Belastungsintensität und -dauer erzwingt der Körper eine Pause, auch wenn Sie dies nicht wollen. Er meldet sich dann beispielsweise mittels Konzentrationsstörungen, Gereiztheit oder Kopfschmerzen so deutlich zu Wort, dass Sie gar nicht anders können, als mit der Arbeit schließlich aufzuhören.

Sofort-Entspannungsmethoden für Kurzpausen

Verspannungen gezielt lösen

Stehen Sie unter Stress, dann stehen Sie auch unter großer Anspannung. Meist kann im Berufsalltag diese Anspannung nicht direkt in ausdauernde Bewegung umgesetzt werden. Abhilfe schaffen kurze Übungen, mit denen Sie Anspannungen lindern können. Hier einige Anregungen, wie Sie speziell die Muskeln im Schulter- und Nackenbereich lockern können. Bevor Sie beginnen, räkeln und strecken Sie sich ausgiebig. Setzen Sie sich für die Übungen aufrecht aufs vordere Stuhldrittel, drücken Sie die Schultern ganz leicht nach hinten und unten, stellen Sie Knie und Füße parallel etwa hüftbreit auseinander. Wiederholen Sie die folgenden Übungen einige Male. Zwischen den einzelnen Übungen tut es gut, die Muskulatur ausgiebig zu lockern, indem Sie die Arme und Hände ausschütteln.

1. Lassen Sie Ihre Schultergelenke kreisen, ohne dabei die Arme einzubeziehen, erst vorwärts, dann rückwärts. Lassen Sie die Bewegungen langsam größer werden. Vermeiden Sie Hohlkreuz oder Rundrücken. Hierbei werden alle Schultermuskeln und -gelenke gezielt aktiviert, und die Verspannungen im Schulterbereich lösen sich.
2. Falten Sie die Hände hinter dem Kopf und drücken Sie den Kopf gegen den Widerstand der Hände nach hinten, aber ohne dass es zu einer Bewegung kommt. Halten Sie beide Ellbogen nach hinten und stemmen Sie die Füße fest gegen den Boden. Lassen Sie wieder locker und wiederholen Sie die Übung ca. fünf Mal.

3. Legen Sie die rechte Hand an die rechte Kopfseite. Drücken Sie Kopf und Handfläche gegeneinander, wiederum ohne dass es zu einer Bewegung kommt. Halten Sie den Ellbogen nach hinten und stemmen Sie die Füße fest gegen den Boden. Wechseln Sie anschließend die Seite. Wiederholen Sie auch diese Übung ca. fünf Mal.
4. Verhaken Sie die Finger in Brusthöhe und ziehen Sie die Hände mit aller Kraft auseinander. Halten Sie beide Ellbogen nach hinten und stemmen Sie die Füße fest gegen den Boden. Lassen Sie wieder locker und wiederholen Sie die Übung wiederum einige Male.
5. Setzen Sie sich aufrecht hin, führen Sie die Hände vor den Brustkorb und legen Sie die Handflächen aufeinander, die Fingerspitzen nach oben gerichtet. Pressen Sie die Hände dann 10 bis 20 Sekunden lang fest aufeinander. Üben Sie immer weiter steigenden Druck aus. Atmen Sie entspannt aus, halten Sie jedoch die Muskelspannung. Entspannen Sie dann nach einer kurzen Atempause die Muskulatur und lassen Sie Ihren Atem wieder fließen. Wiederholen Sie die Übung etwa zehn Mal.
6. Öffnen Sie leicht den Mund und lassen Sie den Mund-/Kieferbereich ganz locker. Dann fassen Sie den oberen Teil des linken Schultermuskels fest mit der rechten Hand. Drehen Sie den Kopf nach links und schauen Sie über die linke Schulter, atmen Sie dabei mehrmals tief in die Dehnung aus. Nun bewegen Sie den Kopf langsam zur rechten Schulter und schauen über diese nach hinten, während Sie wiederum tief in die Dehnung ausatmen. Lassen Sie anschließend das Kinn nach vorne auf die Brust sinken, machen Sie einige tiefe Atemzüge und entspannen Sie sich. Danach wiederholen Sie die Übung für den rechten Schultermuskel.

Power-Napping

Das kreativitätsfördernde Schläfchen um die Mittagszeit erfrischt und entspannt. Zudem kehren Sie nach dieser kurzen Aus-Zeit körperlich und psychisch gestärkt zur Arbeit zurück, was sich natürlich positiv auf

Gesundheit und Leistungsfähigkeit auswirkt. Bitte nicht mehr als 15 bis 20 Minuten powernappen, sonst fallen Sie in Tiefschlaf!

Palmieren
Setzen Sie sich an Ihrem Arbeitsplatz bequem hin und stützen Sie die Ellbogen auf dem Tisch auf. Reiben Sie die Hände fest aneinander, bis sie sich warm anfühlen, und formen Sie danach mit beiden Händen eine Schale. Bedecken Sie dann Ihre geschlossenen Augen mit den Handflächen. Atmen Sie ruhig ein und aus. Nach etwa 2 bis 3 Minuten schlagen Sie die Augen wieder auf. Blinzeln Sie oder schauen Sie durch die Zwischenräume Ihrer nun leicht gespreizten Finger. Gähnen Sie und strecken Sie sich. Diese Übung bietet eine einfache Möglichkeit, die Augenpartie und vor allem auch überanstrengte Augen zu entspannen.

Ruhe zentrieren
Sehr energiespendend wirkt die folgende Übung, die Sie vor oder nach stressreichen Situationen anwenden können: Reiben Sie die Handflächen fest aneinander, bis sie sich richtig warm anfühlen. Anschließend legen Sie die warmen Hände auf den Bauchnabel. Atmen Sie tief ein und aus und spüren Sie, wie sich die Bauchdecke hebt und senkt.

Liegende Achten
Stellen Sie sich locker hin und «malen» Sie mit Ihrer Nasenspitze liegende Achten in den Raum, kleine Achten, größere Achten und wieder kleinere Achten usw. Wiederholen Sie dies etwa zwanzig Mal. Dies lockert den Nacken und Ihr Kopf wird gut durchblutet.

Das heiße Tuch
Tränken Sie ein Tuch, z. B. ein kleines Gästehandtuch, mit heißem Wasser und wringen Sie es gut aus. Lehnen Sie sich locker in einem Sessel, in dem Sie den Kopf sicher abstützen können, zurück und legen Sie sich das Tuch auf das Gesicht.

> **Gähnen**
> Kräftiges Gähnen ist eine wirkungsvolle Methode, sich zu entspannen, denn dabei wird die Sauerstoffzufuhr erhöht, die Kiefermuskulatur entspannt und die Konzentration verbessert. Setzen Sie sich locker hin, lassen Sie den Unterkiefer einfach fallen und atmen Sie durch den Mund ein.

Ab- und Umschalten nach der Arbeit

Entwickeln Sie ein persönliches Ritual, das Ihnen dabei hilft, Abstand zu den Projekten und Problemen Ihres Arbeitstages zu finden und mit freiem Kopf in den Feierabend zu gehen. Nachfolgend einige Anregungen, wie Sie dieses Ritual gestalten können.

Beenden Sie Ihre Arbeit zu einer festen Zeit und bilanzieren Sie ganz bewusst Ihren Tag:
- Vergegenwärtigen Sie sich, was Sie alles geschafft haben.
- Sprechen Sie sich ausdrücklich Anerkennung aus.
- Benennen Sie, was offen geblieben ist.
- Planen Sie dies schon jetzt fest für einen der nächsten Tage ein.
- Klappen Sie dann Ihren Terminplaner nachdrücklich zu, stehen Sie auf und verlassen Sie Ihr Büro.

Symbolischen Schlussstrich machen

Bevor Sie den Schreibtisch verlassen, sagen Sie sich beispielsweise ganz bewusst: «Die Arbeit bleibt hier.» Oder: «Schluss jetzt bis morgen.» Finden Sie Ihren ganz persönlichen Signalsatz, der Ihnen hilft, einen Schnitt zu machen.

Musik zum Abstand schaffen

Stellen Sie sich auf i-Pod oder Kassette Ihre spezielle Musik zusammen, die Sie in gute Laune und Feierabendstimmung versetzt, und genießen Sie sie auf dem Heimweg.

Bewegung

Jetzt ist die richtige Zeit dafür, noch einmal in Schwung zu kommen und die angestauten Stresshormone in Aktion umzusetzen (siehe S. 109).

Reinigen

Duschen Sie sich, wechseln Sie die Kleidung, trinken Sie vielleicht auch eine Tasse Tee – kommen Sie ganz zu Hause an.

Viele einfache Möglichkeiten können zur Entspannung beitragen, wie beispielsweise Musik hören, Massagen, lesen, faulenzen, baden, Sauna, träumen, fernsehen, ein Wochenende vertrödeln usw. Alle Aktivitäten, die gut tun und zufrieden machen, haben einen entspannenden Effekt. Dennoch ist es sinnvoll, zusätzliche, gezielte Methoden der Entspannung zu lernen und anzuwenden. Systematische Entspannungsmethoden setzen gezielt an den Bedürfnissen des Organismus an und basieren auf wissenschaftlich gesicherten Erkenntnissen.

Alle systematischen Entspannungsübungen führen
- zum Abbau von bereits bestehenden stressbedingten Beschwerden wie Spannungskopfschmerzen, Herz-Kreislauf-Störungen usw.,
- zu einer Senkung des Erregungsniveaus,
- zu einer Erhöhung der Belastbarkeit.

Entspannungsübungen kann man gut mit anderen langfristigen und kurzfristigen Stressbewältigungsstrategien kombinieren und damit deren Wirksamkeit erhöhen. Gemeinsames Element aller systematischen Entspannungsmethoden ist es, Abstand zu finden, innezuhalten und zu sich zu kommen, den Strom von Gedanken und Gefühlen vorüberziehen zu lassen, ohne Druck und ohne Eile. Vielfach belegt von der Hirnforschung ist inzwischen der Zusammenhang zwischen der Fähigkeit, in Ruhe zu verweilen, und der Erzeugung von entsprechenden Synapsenverbindungen für Gelassenheit und Wohlbefinden im Gehirn.

Zu den systematischen Entspannungsmethoden gehören beispielsweise Autogenes Training, Muskelentspannungstechniken, Atemübungen, Yoga, Fantasiereisen usw.

Entspannung für den Schnellen Macher

Empfehlenswert für den Schnellen Macher sind das Autogene Training und die progressive Muskelentspannung. Beides sind direktive Methoden, d. h., der Schnelle Macher folgt einer bestimmten Reihenfolge von Schritten, die er ganz bewusst vollziehen muss. Seine Herausforderung liegt darin, diese Schritte wirklich bewusst zu machen und die Effekte, die sie bewirken, wahrzunehmen und sich dadurch auch ein Stück weit besser kennenzulernen.

Die Progressive Muskelentspannung

Dies ist eine Entspannungsmethode, die besonders leicht erlernbar ist. Sie brauchen dazu auch keine Hilfsmittel. Das Prinzip der Progressiven Muskelentspannung ist zudem sehr einfach zu verstehen und anzuwenden. Verschiedene Muskelgruppen werden nacheinander angespannt und nach kurzer Zeit wieder gelockert und losgelassen. Durch diesen Gegensatz von Kontraktion und Relaxion wird die eintretende Entspannung wesentlich intensiver gespürt als ohne vorherige Anspannung.

Die Progressive Muskelentspannung können Sie im Prinzip unter vielen unterschiedlichen Bedingungen einsetzen – im Zug oder im Flugzeug, im Büro, abends vor dem Einschlafen, wenn Sie geübt sind sogar während einer Besprechung oder einer Prüfungssituation. Günstig ist es jedoch, zumindest anfangs immer am gleichen Ort und zur gleichen Zeit zu üben, beispielsweise am frühen Morgen oder abends, und zwar an einem ruhigen, nicht zu kühlen Ort, an dem Sie während der Übungsdauer ungestört sein können.

So gehen Sie vor:
1. Setzen Sie sich auf einen Stuhl und machen Sie es sich bequem. Lockern Sie eng sitzende Kleidung, lösen Sie allenfalls den Gürtel oder nehmen Sie Ihre Brille ab.
2. Schließen Sie die Augen, atmen Sie ruhig ein und aus und entspannen Sie sich. Lassen Sie störende Gedanken einfach vorüberziehen und konzentrieren Sie sich ganz auf Ihren Körper; nehmen Sie wahr, wie Sie sitzen.
3. Spannen Sie nun nacheinander folgende Muskelpartien an und lösen Sie die Spannung dann wieder:
    – Spannen Sie die Hände an, indem Sie sie zu Fäusten ballen. Spüren Sie die Anspannung deutlich? Sobald dies der Fall ist, lassen Sie beim nächsten Ausatmen die Fäuste los und entspannen Sie wieder.
    – Spannen Sie nun Ihre Arme an, indem Sie sie leicht anwinkeln. Fühlen Sie die Anspannung in den Oberarmen? Halten Sie die Spannung kurz und entspannen Sie dann wieder. Spüren Sie, wie sich die Arme nun mehr und mehr entspannen?
    – Spannen Sie nun Ihre Stirn an, indem Sie Ihre Augenbrauen ganz leicht nach oben ziehen. Lassen Sie die Anspannung kurz wirken. Mit dem nächsten Ausatmen entspannen Sie wieder.
    – Spannen Sie Ihre Augen an, indem Sie diese leicht zusammenkneifen. Wenn Sie die Anspannung spüren, lassen Sie beim nächsten Ausatmen die Augenmuskeln wieder ganz locker.
    – Pressen Sie leicht die Zähne zusammen. Halten Sie die Spannung kurz und entspannen Sie wieder.
    – Drücken Sie die Zunge leicht an den Gaumen. Fühlen Sie die Spannung und entspannen Sie wieder.
    – Neigen Sie jetzt Ihren Kopf leicht nach vorne. Führen Sie Ihr Kinn in Richtung Brust. Wenn Sie die Anspannung spüren, entspannen Sie beim nächsten Ausatmen wieder.

- Spannen Sie nun die Nackenmuskeln an, indem Sie die Schultern nach oben ziehen. Halten Sie die Anspannung kurz und lassen Sie wieder los.
- Spannen Sie Ihre Bauchmuskeln an. Verharren Sie kurz in der Anspannung und entspannen Sie dann wieder.
- Spannen Sie nun Ihren Rücken an, indem Sie den Bauch nach vorne schieben, bis sich ein leichtes Hohlkreuz bildet. Fühlen Sie die Anspannung Ihrer Rückenmuskeln? Beim nächsten Ausatmen lassen Sie wieder los.
- Spannen Sie Ihre Pomuskeln an. Sobald Sie die Anspannung deutlich spüren, entspannen Sie wieder.
- Spannen Sie ihre Füße an, indem Sie sie leicht nach vorne ziehen. Halten Sie die Spannung kurz, entspannen Sie wieder.
- Spannen Sie Ihre Waden an, indem Sie Ihre Füße leicht nach oben ziehen. Beim nächsten Ausatmen dann wieder entspannen.
- Spannen Sie nun Ihre Oberschenkelmuskeln an. Beim nächsten Ausatmen lassen Sie die angespannten Muskeln wieder los.
4. Kehren Sie nun langsam aus der Entspannung zurück. Strecken und räkeln Sie sich wie morgens beim Aufstehen. Atmen Sie tief ein und aus.
5. Öffnen Sie nun Ihre Augen. Sie sind jetzt wieder ganz wach und erfrischt.

Durch mehrmaliges Wiederholen dieser Übung gelingt es zumeist auch Einsteigern, die einzelnen Muskelgruppen von Mal zu Mal besser zu entspannen. Doch auch wenn Sie anfangs einige Muskeln schwer «loslassen» können, profitieren Sie von dieser Übung. Die Progressive Muskelentspannung bewirkt, dass das Erregungsniveau (Ärger, Angst usw.) mehr und mehr sinkt und Sie Abstand zum Stresserleben finden.

Das Autogene Training

Das Autogene Training ist eine Methode zur konzentrativen Selbstentspannung und hilft nicht nur dabei, Stress abzubauen, sondern beugt auch etlichen körperlichen Erkrankungen vor, lindert Ängste und depressive Verstimmungen. Sie können es in Gruppen, aber auch in Eigenregie zu Hause erlernen. Man unterscheidet bei dieser Entspannungstechnik Unterstufe und Oberstufe.

Die Unterstufe des Autogenen Trainings umfasst sechs Übungseinheiten. Sie bewirken ein Gefühl der Schwere und Wärme in den Gliedmaßen, eine Beruhigung von Pulsschlag und Atmung, ein Wärmegefühl im Solarplexus und eine Kühle der Stirn. Ziel der Unterstufenübungen ist es, einen tiefenentspannten Zustand herbeizuführen. In diesem Zustand werden dann die Elemente der Oberstufe integriert. Die Ziele der Oberstufenübungen sind vorrangig auf Persönlichkeitsentwicklung ausgelegt. Um die Oberstufe anwenden zu können, ist es erforderlich, alle Übungen der Unterstufe so zu beherrschen, dass Sie den tiefenentspannten Zustand über mindestens eine halbe Stunde lang aufrechterhalten können. Für erholsame Entspannung sind jedoch die Übungsschritte der Unterstufe völlig ausreichend.

So gehen Sie vor:
1. Machen Sie es sich bequem, lockern Sie eng sitzende Kleidung, lösen Sie gegebenenfalls den Gürtel bzw. nehmen Sie Ihre Brille ab.
2. Senken Sie Ihren Kopf und beugen Sie sich leicht nach vorn, wobei Ihre Hände entspannt auf den Oberschenkeln ruhen (sogenannte «Droschkenkutscherhaltung»). Anfangs ist es hilfreich, bei den Übungen die Augen zu schließen und so die Selbstversenkung zu fördern. Später können Sie die Übungen auch mit offenen Augen durchführen.
3. Die Übungen im Einzelnen:
   - Die Ruhe-Übung hilft Körper und Geist dabei, Anspannungen

loszulassen. Sprechen Sie typische formelhafte Sätze wie: «Ich bin ganz ruhig. Mein Herz geht ruhig, mein Atem geht ruhig, ich bin ganz ruhig.» Oder auch: «Gedanken kommen und gehen. Nichts kann mich stören.»

- Die Schwere-Übung löst ein Schweregefühl der Gliedmaßen aus. Zunächst konzentrieren Sie sich auf ein bestimmtes Körperteil, beispielsweise Ihren linken Arm. Eine Formel könnte lauten: «Mein linker Arm ist ganz schwer.» Sobald Sie dies deutlich fühlen, können Sie die Schwere auf alle Gliedmaßen und schließlich auf den gesamten Körper ausdehnen.
- Die Wärme-Übung ruft ein Wärmegefühl im Körper hervor. Wie bei der Schwereübung sagen Sie sich zunächst, dass ein bestimmtes Körperteil sich ganz warm anfühlt, beispielsweise: «Mein linker Arm ist ganz warm.» Später verbreiten Sie dann nach und nach das Wärmegefühl über den ganzen Körper.
- Die Atem-Übung vertieft durch konzentriertes, ruhiges Ein- und Ausatmen die einsetzende Entspannung. Typische Vorstellung: «Mein Atem geht ganz ruhig und gleichmäßig.» Oder: «Mein Atem strömt ganz mühelos ein und aus.»
- Die Herz-Übung, bei der Sie einfach den Rhythmus Ihres Herzschlags wahrnehmen, vertieft die Entspannung weiter. Typische Vorstellung: «Mein Herz geht ruhig.» Oder in Verbindung mit dem Atem: «Mein Herz geht ruhig, mein Atem geht ruhig, ich bin ganz ruhig.»
- Als Nächstes folgt dann die Solarplexus-Übung. Dabei konzentrieren Sie sich auf die Region zwischen Ihrem Magen und der Wirbelsäule. Der Solarplexus, das «Sonnengeflecht», gilt als wichtiges Energiezentrum, weil sich dort zahlreiche Nerven und Nervenknoten des sympathischen und des parasympathischen Nervensystems miteinander verschalten. Typische Vorstellung: «Das Sonnengeflecht ist strömend warm.» Oder: «Mein Energiezentrum ist strömend warm.»

– Letzte Übung dieser Reihe ist die Kopf-Übung: Dabei konzentrieren Sie sich darauf, eine kühle Stirn zu haben. Dies dient dem Wachbleiben und der Stärkung Ihrer Konzentrationsfähigkeit. Typische Vorstellung: «Meine Stirn ist angenehm kühl.» Oder: «Mein Kopf ist klar, die Stirn ist kühl.»
4. Am Ende dieser Übungsreihe lösen Sie sich wieder aus dem Entspannungszustand und nehmen ihn zurück. Nur wenn Sie direkt danach einschlafen möchten, kann dies unterbleiben.
Zurücknehmen geschieht mit Anspannen der Muskeln, einigen tiefen Atemzügen und dem Öffnen der Augen. Recken und strecken Sie sich also ausgiebig, bevor Sie wieder Ihren Aktivitäten nachgehen. Die «Zurücknahme» des Entspannungszustandes ist wichtig, damit Sie nicht in einer Art Trance verbleiben.

Bei regelmäßigem Training verstärkt sich die Wirkung der Übungen. Als erfahrener Anwender können Sie in kurzer Zeit eine tiefe Entspannung herbeiführen und dann auch weitere Sätze hinzufügen, mit denen Sie Wunschziele ansteuern möchten – beispielsweise Aufträge an sich selbst im Unbewussten verankern, die nach Abschluss der Übung nachwirken: «Bei Stress bleibe ich ruhig und gelassen.»

Entspannung für den Perfektionisten
Dem Perfektionisten, der gerne möglichst genau und exakt arbeitet, kommen Entspannungsmethoden wie Yoga oder Qi Gong sehr entgegen, bei denen es darum geht, konzentriert eine bestimmte Körperposition einzunehmen und sich dann wieder daraus zu lösen. Die Herausforderung für den Perfektionisten liegt darin, die eigenen Grenzen kennenzulernen und sie zu respektieren, liebevoll mit sich umzugehen, statt starren Standards zu gehorchen.

Yoga

Yoga ist eine indische philosophische Lehre, die eine Reihe mentaler und körperlicher Übungen umfasst. Von den vielen verschiedenen Formen des Yoga ist die in unserem Kulturkreis bekannteste Form der Hatha-Yoga, der eine Reihe körperlicher Übungen, die Asanas, beinhaltet. Das Besondere an den Asanas ist, dass sie sehr sanft und langsam, flankiert von einer bewussten Atmung durchgeführt werden. In der Endphase der Übung wird dann eine Zeit lang ausgeharrt. Diese Konzentration auf Übung und Atmung ist wichtig, um mit Yoga Stress zu bewältigen und körperliche Verspannungen loszulassen, denn dadurch erreicht man eine bewusste Wahrnehmung des Körpers und des eigenen Atems. Meist wird eine Entspannung schon nach sehr kurzer Zeit erzielt.

Yoga-Asanas tragen auch dazu bei, den gesamten Bewegungsapparat, insbesondere den Rücken, nachhaltig zu stärken, was gerade dann, wenn Sie überwiegend sitzend tätig sind, sehr wichtig ist. Die einzelnen Asanas sind in ihrer Abfolge und Wirksamkeit aufeinander abgestimmt. Wenn Sie Hatha-Yoga erlernen wollen, empfiehlt es sich, mit einer professionellen Anleitung einzusteigen, beispielsweise einen Kurs bei der örtlichen Volkshochschule oder einem Yoga-Institut zu buchen. Dadurch können Sie sonst eventuell unbemerkt bleibende Fehler bei der Durchführung der Asanas vermeiden.

Hatha-Yoga kann bei richtiger und regelmäßiger Anwendung viele stressbedingte Beschwerden, vor allem auch Spannungskopfschmerzen und Schlafstörungen positiv beeinflussen und hat generell eine beruhigende, ausgleichende Wirkung. Er verhilft zu neuer Energie und verbessert die Konzentrationsfähigkeit.

Nach der Durchführung einer Hatha-Yoga-Übung ist ein sogenanntes «Nachspüren» gut. Dabei vergleichen Sie, wie sich die Körperregion, mit der geübt wurde, verändert hat im Vergleich zum Zustand vor der Übung. Abschluss einer Hatha-Yoga-Übungsreihe ist stets die «Reise durch den Körper», bei der Sie Ihren Körper nacheinander von den Zehenspitzen bis zum Scheitel noch einmal intensiv wahrnehmen. Die Konzentration auf Körper und Atmung hilft, vom Stress des Alltags Abstand zu gewinnen und sich zu erholen; die intensivere Körperwahrnehmung, die sich nach einiger Zeit einstellt, verhilft zu einer ausgeglichenen Grundhaltung und einem gelasseneren Lebensgefühl.

Hier eine einfache Yoga-Atemübung für kleine Pausen, die Anspannungen gut lösen kann:

Anuloma Viloma – die Wechselatmung
Setzen Sie sich aufrecht hin, mit geradem Rücken und entspannen Sie Ihre Gesichtsmuskeln, so gut Ihnen dies möglich ist. Dann beugen Sie Zeige-, Mittel- und Ringfinger der rechten Hand leicht nach innen. Legen Sie den Daumen und den kleinen Finger an die Nase, sodass der kleine Finger das linke und der Daumen das rechte Nasenloch verschließen kann.
Verschließen Sie das rechte Nasenloch und atmen Sie langsam durch das linke ein. Verschließen Sie dann das linke Nasenloch und atmen Sie durch das rechte langsam aus. Atmen Sie jetzt durch das rechte Nasenloch ein, verschließen Sie es und atmen Sie durch das linke Nasenloch aus. Atmen Sie jetzt durch das linke Nasenloch ein und wieder durch das rechte aus usw. Wiederholen Sie das wechselseitige Atmen etwa zehn Mal hintereinander jeweils durch ein Nasenloch ein und aus. Achten Sie darauf, dass das Gesicht entspannt bleibt, Zunge und Unterkiefer gelöst und die Lippen locker sind.
Sie werden sich danach wesentlich gelassener und in sich ruhender fühlen, denn Anuloma Viloma wirkt harmonisierend auf alle Körpersysteme ein.

Qi Gong

Qi Gong verbindet Atemübungen und Bewegungen mit der Kunst der Meditation. Der Begriff stammt aus den chinesischen Wörtern Qi

(= Lebensenergie) und Gong (= Fähigkeit, Übung, Arbeit). Die Methode kann von jedem Menschen, egal welchen Alters, leicht erlernt und geübt werden. Da die Bewegungsabläufe langsam, harmonisch und fließend sind, eignet sich Qi Gong auch gut dafür, nach einem stressreichen Tag zur Ruhe zu kommen. Einfache, langsam geführte Atem-, Bewegungs- und Entspannungsübungen fördern die Wahrnehmungs- und Konzentrationsfähigkeit. Im traditionellen China spielte Qi Gong eine große Rolle als gesundheitsfördernde Maßnahme zur Vorbeugung und Behandlung von Krankheiten.

Es gibt Qi-Gong-Übungen, die im Liegen ausgeführt werden, andere werden im Sitzen, Stehen oder im Gehen geübt.

Wie beim Hatha-Yoga empfiehlt es sich auch, das Erlernen von Qi-Gong-Übungen mittels einer professionellen Anleitung zu starten, damit sich bei der Durchführung der einzelnen Übungen keine Fehler einschleichen. Nachfolgend eine kleine einfache Übung zur Stärkung Ihrer inneren und äußeren Balance, die Sie auch ohne persönliche Anleitung durchführen können.

Die Sonne umarmen
1. Stellen Sie sich locker hin, atmen Sie ein und führen Sie dabei gleichzeitig die Arme seitlich nach oben, wobei die Handflächen nach oben zeigen. Führen Sie die Hände bis über den Kopf.
2. Lassen Sie Ihren Blick nach oben folgen und stellen Sie sich dabei einen leuchtenden Sonnenaufgang vor.
3. Mit dem Ausatmen legen Sie die Hände übereinander und führen Sie die Arme mit den Handflächen nach unten zeigend vor den Körper bis zum Bauchnabel abwärts. Dabei stellen Sie sich das warme Abendrot eines Sonnenuntergangs vor.
4. Atmen Sie wieder ein, bringen Sie die Arme wieder über die Seite nach oben, lassen Sie den Blick folgen. Spüren Sie wieder die Wärme und das Licht der morgendlichen Sonnenstrahlen.
5. Legen Sie die Hände wieder übereinander, mit den Handflächen nach

unten, senken Sie die Arme beim Ausatmen wieder vor dem Körper nach unten und genießen Sie dabei das Bild des Sonnenuntergangs. Verweilen Sie kurz auf Bauchnabelhöhe und beginnen Sie wieder von Neuem ...
6. Wiederholen Sie die Übung fünf bis sechs Mal.

Entspannung für den Harmonieorientierten

Der Harmonieorientierte hat in der Regel Freude an Entspannungsmethoden, in denen vieles einfach geschehen kann, wie beispielsweise Musikmeditation oder auch Fantasiereisen.

Die Herausforderung für den Harmonieorientierten liegt darin, ganz bei sich selbst und seinen Empfindungen zu bleiben und sich keine Gedanken zu machen, was er fühlen «sollte» oder was andere von ihm erwarten.

Musikmeditation

Die Vielfalt an Empfindungen, die Musik in uns auslösen kann, ist wohl jedem vertraut. Die Palette der Stimmungen reicht dabei von Freude, Behagen und Euphorie bis zu Aggression und Melancholie. Musik lässt Gefühle und Erinnerungen schnell lebendig werden.

Beruhigende Klänge tun gut und helfen uns zu entspannen, denn sie haben einen unmittelbaren Einfluss auf das vegetative Nervensystem, das viele Organe und Körperfunktionen steuert. Die Klänge helfen, Abstand zum Alltag zu finden und neue Energie zu schöpfen. Sie haben nachweislich einen positiven Einfluss auf Atem und Herzschlag, Blutdruck und Gehirnwellen. Schon in früheren Jahrhunderten war entspannende, sogenannte «trophotrope» Musik ein wichtiger Bestandteil der Heilkunst für viele körperliche und seelische Leiden – und auch heute lässt sich Musik sehr erfolgreich zur Stressbewältigung einsetzen. Obwohl jeder Mensch ganz individuell auf

Musik reagiert, gibt es bestimmte Merkmale, die entspannende Musik charakterisieren:
- Die Lautstärke und das Tempo sind eher im mittleren Bereich angesiedelt.
- Es gibt eine schwebende Rhythmik, ganz ohne harte Akzente.
- Es gibt weiche, fließende Harmonien.
- Der Takt sollte gleichmäßig und langsam sein, idealerweise etwas unterhalb der Herzfrequenz von 70 Schlägen pro Minute.

Diese Kennzeichen finden sich beispielsweise in langsamen Sätzen von Wolfgang Amadeus Mozart, bei Johann Sebastian Bach, Claude Debussy, Gustav Mahler oder Antonio Vivaldi. Mittlerweile gibt es aber auch eine Fülle spezieller Meditationsmusik mit so verheißungsvollen Titeln wie «Inseln der Ruhe» oder «Musik von der Insel des Friedens», die Sie gut für die Musikmeditation einsetzen können. Einer Berliner Studie zufolge senken speziell meditative Klänge den Cortisol- und Adrenalinspiegel deutlich messbar ab und stärken somit die Regenerationsfähigkeit.

Und so geht es:
1. Nachdem Sie Ihre Entspannungsmusik aufgelegt haben, setzen Sie sich in einen bequemen Sessel oder legen Sie sich hin. Räkeln Sie sich, bis Sie eine möglichst entspannte Position gefunden haben.
2. Nun lassen Sie sich auf die Musik ein, lassen einfach die Töne auf sich einwirken, atmen dabei ruhig ein und aus.
3. Vergessen Sie alles andere, achten Sie nur auf die Töne und die Resonanz in Ihrem Körper. Wenn ablenkende Gedanken auftauchen, lassen Sie sie einfach mit dem nächsten Ausatmen los und kehren Sie zum konzentrierten Hören zurück.
4. Lassen Sie aufsteigende Gefühle zu. Wenn sich Ihnen Seufzer oder andere Laute entringen wollen, geben Sie dem nach, seufzen Sie

oder lachen Sie, wenn Ihnen danach ist. Bleiben Sie aber nicht darin hängen, sondern kehren Sie zum konzentrierten Hören zurück.

5. Nach dem Ende Ihrer Entspannungsmusik bleiben Sie noch ein bis zwei Minuten in Ruheposition und lassen die Töne nachklingen. Dann räkeln Sie sich wieder, gähnen Sie, spannen Sie Arme und Beine kräftig an, atmen Sie tief ein und aus und kehren Sie gestärkt ins Hier und Jetzt zurück.

Am Arbeitsplatz können Sie sich allein durch die Vorstellung von Musik entspannen. Schließen Sie in einer ruhigen Minute die Augen und hören Sie «im Geiste» Musik. Wenn Sie das Stück gut kennen, funktioniert die Entspannung recht gut. Dauerberieselung durch Musik sollten Sie hingegen vermeiden, denn eine permanente Geräuschkulisse ermüdet und stresst zusätzlich. Entspannung erreichen Sie nur, wenn Sie Ihre Aufmerksamkeit voll und ganz dem Hören der Musik widmen und dabei Ihre Gedanken und Gefühle kommen und gehen lassen.

Fantasiereisen

Fantasiereisen kann man auch als «Reisen in die Innenwelt» bezeichnen. Damit sind Texte zum Vorlesen oder Anhören gemeint, die über das Sehen innerer Bilder zu Entspannung, positiven Gedanken und Gefühlen führen. Sie fördern Fantasie und Kreativität und helfen dabei, Stress zu verarbeiten und das innere Gleichgewicht wiederzufinden. Fantasiereisen sind schnell vorzubereiten und leicht durchzuführen. Sie brauchen einen störungsfreien Raum, in dem Sie sich wohlfühlen, und etwa eine halbe Stunde Zeit, wobei auch – wie bei der Musikmeditation – genügend Freiraum für das Nachwirken der Eindrücke inbegriffen sein sollte. Wenn Sie für sich alleine üben, dann ist es günstig, mit einem aufgesprochenen Text – mit oder ohne Musik – zu arbeiten.

Und so geht es:
1. Nachdem Sie den Text für Ihre Fantasiereise aufgelegt haben, setzen Sie sich locker in einen Sessel oder legen Sie sich bequem auf den Rücken. Räkeln Sie sich, bis Sie eine möglichst entspannte Position gefunden haben. Je besser Sie lockerlassen und sich lösen können, desto leichter wird es Ihnen fallen, sich auf die Fantasiereise einzulassen.
2. Folgen Sie der Geschichte und bleiben Sie dabei locker. Nicht immer steigen genau die Bilder auf, die in der Fantasiereise vorgesehen sind. Das braucht Sie nicht zu beunruhigen oder zu entmutigen. Je mehr Sie Ihren Willen strapazieren, innere Bilder gezielt hervorrufen zu wollen, desto schwieriger wird es sein. Je gelassener und entspannter Sie hingegen sind, desto leichter wird es geschehen. Lassen Sie sich auf die Bilder ein, die kommen, und genießen Sie Ihre ganz persönliche Reise.
3. Wenn ablenkende Gedanken auftauchen, lassen Sie sie mit dem nächsten Ausatmen los und kehren Sie zur Fantasiereise zurück.
4. Lassen Sie aufsteigende Gefühle zu. Wenn sich Ihnen Seufzer oder andere Laute entringen wollen, geben Sie dem nach, seufzen Sie oder lachen Sie, wenn Ihnen danach ist. Bleiben Sie aber nicht darin hängen, sondern kehren Sie zum konzentrierten Hören des Textes zurück.
5. Nach dem Ende Ihrer Fantasiereise bleiben Sie noch 1 bis 2 Minuten in Ruheposition und lassen das Erlebte nachwirken. Dann räkeln Sie sich wieder, gähnen Sie, spannen Sie Arme und Beine kräftig an, atmen Sie tief ein und aus und kehren Sie gestärkt ins Hier und Jetzt zurück.

Beispieltext: Am Meer
Schließen Sie die Augen und stellen Sie sich Folgendes vor:
Es ist ein sonniger Tag und Sie gehen barfuß einen weißen, warmen Strand entlang. Sie spüren den warmen Sand zwischen Ihren Zehen und

die Sonne angenehm auf Ihrer Haut. Das Meer liegt blau und weit vor Ihnen. Ihr Blick verliert sich in der Ferne, wo das Meer in den wolkenlosen weiten Himmel übergeht. Sie atmen die frische, salzhaltige Seeluft ein. Sie hören das Rauschen der Wellen, die eine nach der anderen am Strand ausläuft, Welle für Welle ...
In der Ferne rufen Seevögel. Sie betrachten den Himmel, das Wasser, die blaue Weite. Nun gehen Sie zum Wasser und fühlen, wie die auslaufenden Wellen angenehm kühl um Ihre Knöchel fließen. Eine leichte Brise streicht über Ihre Haut. Sie riechen die würzige Meeresluft und atmen sie tief ein und aus. Sie genießen den leicht salzigen Geschmack auf Ihren Lippen. Gehen Sie weiter und hören Sie, wie die Wellen am Strand auslaufen, Welle für Welle ...
Sie gehen nun zu einem Fels, nehmen Sie Platz und schauen von dort weit auf das Meer hinaus. Es ist ein Platz, der Ihnen vertraut ist und an dem Sie sich wohl fühlen. Sie sehen, wie das Licht auf den Wellen tanzt. Möwen ziehen weit draußen über den klaren Himmel. Sie fühlen die Sonne auf Ihrer Haut. Sie hören das Rauschen der Wellen und spüren das ruhige entspannte Gefühl, das dieser Anblick in Ihnen auslöst. Es ist schön, nichts zu tun, an nichts denken zu müssen, einfach loslassen zu können, einfach nur zu sein. Mit jedem Atemzug, den Sie schöpfen, nimmt dieses Wohlgefühl weiter zu. Der Atem kommt und geht wie die Wellen – er kommt und geht, kommt und geht. Sie fühlen, wie Sie sich bei jedem Atemzug mehr und mehr entspannen, und Sie spüren die Wärme der Sonne überall auf Ihrem Körper, eine Wärme, die Sie einhüllt und angenehm durchströmt. Es ist schön. Das Gefühl von Wohlbehagen und Harmonie breitet sich mit jedem Atemzug weiter aus.
Sie blicken wieder auf das Meer hinaus. Die Wellen kräuseln sich leicht und glitzern in der Sonne. Ein erfrischender Wind umstreicht Ihren Körper. Es ist nun an der Zeit, langsam zurückzukommen. Sie lenken Ihre Aufmerksamkeit zurück auf das Hier und Jetzt. Sie atmen tief ein und aus. Sie spüren Ihre Arme und Ihre Beine und bewegen sie langsam. Sie strecken und räkeln sich. Sie spannen nun alle Muskeln des Körpers an

> und fühlen dabei die Energie in ihnen. Frisch und ausgeruht schlagen Sie nun die Augen auf und sind wieder da.

Die genannten Entspannungstechniken sind nur Vorschläge. Wenn Sie als Schneller Macher gute Erfahrungen mit Musikmeditation oder als Perfektionist gute Erfahrungen mit dem Autogenen Training gemacht haben, dann ist das natürlich völlig okay. Für welche Entspannungstechnik Sie sich auch immer entscheiden: Wichtig ist, eine Methode zu finden, die Sie mögen und die Ihnen effektiv dabei hilft, zur Ruhe zu kommen und Ihr Energiereservoir wieder aufzufüllen. Wie bei den vorgeschlagenen sportlichen Aktivitäten (siehe S. 110) gilt: Hauptsache, Sie gehen das Thema für sich selbst an und sorgen dafür, sich gut zu entspannen und gezielt Zeit dafür einzuplanen.

Entspannungsübungen wirken zweifach: Zum einen führt regelmäßiges Training dazu, sich effektiv von Stressbelastung zu erholen, zum anderen werden Selbstvertrauen und Gelassenheit gestärkt, was in künftigen Belastungssituationen schützend wirken kann.

Entspannungsübungen können auch zweifach eingesetzt werden: zur Erholung und Regeneration nach Feierabend oder als Kurzform vor, in oder unmittelbar nach einer akuten Belastungssituation, beispielsweise indem Sie kurz vor einem anstrengenden Gespräch die Ruhe-Formel des Autogenen Trainings sprechen, «Ich bin ganz ruhig ...», oder Ihre Gesichts- und Nackenmuskeln wechselnd anspannen und entspannen usw.

Entspannung hat viele Facetten

Außer den genannten Entspannungsstrategien gibt es natürlich noch viele weitere Möglichkeiten, Abstand zu Arbeit und Anstrengung zu finden. Für den einen ist ein Spaziergang genau das Richtige, der andere pflegt lieber Gespräche und gemeinsame Unternehmungen mit dem Partner oder mit Freunden. Erholsam sein kann das Lesen eines guten Buches, ein entspannendes Wannenbad oder auch der Gang in ein Museum, wo Sie sich beim Betrachten von Bildern oder Skulpturen entspannen. Wichtig dabei ist, dass Sie den für Sie individuell stimmigen Rhythmus zwischen Anspannung und Entspannung finden, um sich gut erholen zu können.

ABC der Entspannung

A wie Autogenes Training, Akupressur, Aromatherapie
B wie Biofeedback, Bäder
C wie Chakra-Atmung, Chi-Yang-Massage
D wie Dusche, Dösen
E wie Eutonie
F wie Feldenkrais, Fango, Fußmassage, Farb-Licht-Therapie, Fantasiereise
G wie Ganzkörpermassage, gute Gespräche
H wie Hypnose, Hobby, Hamam
I wie Innehalten
J wie Jin Shin Jyutsu
K wie Klangschalen, Kneipp, Kreatives Gestalten, Kunstgenuss
L wie Lachyoga, Lymphdrainage, LaStone-Therapie, Lomi Lomi
M wie Musikmeditation, Massagen, Mentales Training
N wie Naturmoorbehandlung
O wie Obertonsingen
P wie Progressive Muskelentspannung
Q wie Qi Gong
R wie Ruhepausen, Rebalancing, Reiki, Rolfing
S wie Sauna, Schlaf, Shiatsu
T wie Trancetanz, Tai-Chi, Teezeremonie
U wie Urlaub
V wie Venusbad
W wie Wasseranwendungen
Y wie Yoga
Z wie Zazen

Denken Sie daran: Auch in der Freizeit sind Pausen zur Entspannung wichtig. Packen Sie Ihre Abende und Wochenenden nicht zu voll mit Terminen und Unternehmungen. Zeiten, in denen Sie nichts tun und einfach nur herumtrödeln, sind genauso wichtig wie Zeiten, in denen Sie zielgerichteten Aktivitäten nachgehen. Sie stellen keine Zeitverschwendung dar, sondern dienen dem Auftanken von neuer Energie. Dabei sind Mini-Mini-Auszeiten wie z. B.

- sich öfters ausgiebig zu räkeln und zu strecken,
- den Wolken nachzuschauen,
- einem Duft intensiv nachzuschnuppern,
- eine Tasse Tee bewusst zu genießen oder
- einige Minuten einfach dazusitzen und an Nichts zu denken einfache Wege, innerlich im Lot zu bleiben und die eigene Wahrnehmungsfähigkeit zu stärken. Wir nehmen die Welt nun mal über unsere Sinne wahr. Ohne sinnliche Erfahrung würde das Spektrum unserer Gefühle kaum mehr stimuliert und nach und nach regelrecht «austrocknen». Die Fähigkeit des konzentrierten Bei-sich-Seins und Sinneseindrücke bewusst in sich aufnehmen zu können (und zu wollen!) schafft nicht nur für den Moment innere Ruhe, sondern stärkt den Organismus auch längerfristig.

Richten Sie sich eine Entspannungsoase ein

Vielleicht ist Ihre Wohnung oder Ihr Haus groß genug, sich zur Entspannung sogar einen speziellen Raum oder eine Ecke frei halten zu können. Wenn dem nicht so ist, dann kann es auch ein Möbelstück sein, das Sie ganz speziell nur dem Entspannen widmen, z. B. ein Schaukelstuhl, ein bequemer Sessel oder ein Hängestuhl. Dies ist ein Ort, an dem nicht gearbeitet und auch keine Gedanken gewälzt werden, die mit der Arbeit zu tun haben. Im Umkreis sind auch keine Akten, keine Unterlagen, Bücher oder Manuskripte zu finden, die mit der Arbeit zu tun haben. In der Entspannungsoase geht es nur darum, sich wohlzufühlen, loszulassen und Abstand zu finden. Unterstreichen Sie dies, indem Sie einige Tropfen eines entspannend wirkenden Öls in eine Duftlampe geben und den Geruch genießen. Gut geeignet sind Vanille, Lavendel, Ylang-Ylang-Blüten, Rose oder Melisse. Gerüche beeinflussen unser Wohlbefinden unmittelbar. Fünf bis sieben Tropfen des entsprechenden ätherischen Öls reichen meist aus, um den Raum wohlriechend zu beduften. Bei intensiven Blütendüften wie beispielsweise Ylang-Ylang genügen schon ein bis zwei Tropfen des Öls.

Meine Oase
Zum Nachdenken: Wo richten Sie sich Ihre persönliche Entspannungsoase ein und was ist dafür besonders wichtig?

_____

_____

_____

Von Kopf bis Fuß: Die Stressless-Werkzeugkiste

Neben den Akut-Übungen zur Bewegung und zur Entspannung, die Sie bereits auf Seite 106/107 und Seite 117 kennengelernt haben, gibt es noch eine Reihe weiterer Kurzinterventionen, die Sie dabei unterstützen, nach einer Stressreaktion rasch wieder die Hormonspiegel herunterzufahren und Ruhe einkehren zu lassen. Diese können Sie auch einsetzen, sobald Sie die untrüglichen Indizien dafür wahrnehmen, dass demnächst eine Alarmreaktion ausbrechen könnte.

Das Startsignal: Richten Sie sich aus

Machen Sie sich Ihre innere Haltung bewusst und ändern Sie sie, sobald Sie merken, dass Sie dabei sind, sich selbst das Wasser abzugraben und in ihre «Lieblingsstressfallen» zu tappen. Der Schnelle Macher sollte besonders darauf achten, wann er anfängt, in Aktionismus zu verfallen, der Perfektionist sollte ein Auge darauf haben, wann er beginnt, sich zu verzetteln, und der Harmonieorientierte sollte wahrnehmen, wann er dazu übergeht, die vermeintlichen Erwartungen anderer über seine eigenen Bedürfnisse zu stellen.

Das Motto hierbei lautet: Stärken Sie sich, statt sich anzutreiben oder Ihre Kräfte auszubeuten! Nehmen Sie Ihre Stresssignale ernst. Fragen Sie sich: Was brauche ich? Was kann ich jetzt Gutes für mich tun? Wie kann ich mich selbst unterstützen?

Massieren Sie Stirn und Kopfhaut

Setzen Sie sich aufrecht hin, führen Sie Ihre Finger über Ihre Nasenwurzel und massieren Sie leicht von den Augenbrauen beginnend mit kleinen kreisförmigen Bewegungen Ihre Stirn von der Mitte nach außen. Greifen Sie dann mit den Fingern in Ihr Haar und massieren mit den Fingerspitzen die Kopfhaut. Beginnen Sie vorne am Haaransatz und arbeiten Sie sich dann weiter nach hinten bis zum Hinterkopf und in den Nacken hinein. Atmen Sie dabei tief ein und aus.

Massieren Sie Ihre Ohren

Fassen Sie gleichzeitig Ihre Ohren mit je einer Hand zwischen Daumen und Zeigefingern an den Rändern und ziehen Sie diese leicht nach außen. Kneten Sie die Ohrmuscheln von der oberen Ohrspitze bis hinunter zum Ohrläppchen. Greifen Sie dann das Ohr etwas tiefer zwischen Daumen und Zeigefinger und massieren Sie erneut von der Ohrspitze abwärts. Wiederholen Sie die Massage, bis das ganze Ohr von Ohrläppchen bis Ohrspitze durchgewalkt ist und die Ohren sich warm anfühlen. Im Ohr befinden sich etwa 200 Akupunkturpunkte. Mit einer Ohrmassage stimulieren Sie also Ihre gesamte Körperenergie.

Lockern Sie Ihr Gesicht

Schließen Sie die Augen und atmen Sie einige Male tief durch. Konzentrieren Sie sich auf Ihre Gesichtsmuskeln. Bewegen Sie die Augenbrauen auf und ab, kneifen Sie fest die Augen zu und lassen Sie wieder locker, pressen Sie die Kiefer zusammen, lockern Sie sie wieder, runzeln Sie die Stirn und glätten Sie sie wieder, blasen Sie die Backen auf und schütteln Sie sie anschließend aus, indem Sie Ihren Kopf rasch und locker hin und her bewegen und dabei die Mundpartie ganz locker lassen. Spannen Sie die Nase an, indem Sie Ihre Nasenflügel blähen, und entspannen Sie sie wieder. Wiederholen Sie diese kleinen Spannungs- und Entspannungsfolgen so lange, bis Ihr Gesicht sich völlig locker anfühlt. Entspannen Sie dann bewusst Ihren Kiefer und lassen Sie die Lippen leicht geöffnet. Wenn Sie sich jetzt im Spiegel anschauen, werden Sie feststellen, dass Sie entspannt aussehen – und sich auch so fühlen.

Entspannen Sie die Schultern
Stellen Sie sich aufrecht und locker hin, die Füße etwa schulterbreit auseinander. Verschränken Sie nun die Arme hinter dem Rücken, ziehen Sie die Schultern behutsam nach hinten und unten und dehnen Sie dadurch den Brustraum in die Weite. Lassen Sie den Atem einfach ein- und ausströmen. Bei jedem Ausatmen ziehen Sie die Schultern noch ein wenig mehr nach hinten und unten; beim Einatmen halten Sie sie jeweils in der neuen Position. Wiederholen Sie dies einige Male. Wichtig: Erzwingen Sie nichts, gehen Sie nur so weit, wie es noch angenehm und keinesfalls schmerzhaft für Sie ist. Nach der Übung werden sich Ihre Schultern und Ihr Oberkörper wesentlich entspannter und beweglicher anfühlen.

Aktivieren Sie die Thymusdrüse
Die Thymusdrüse sitzt hinter dem Brustbein, etwa in Höhe der Brustwarzen. Sie produziert die T-Lymphozyten für die körpereigene Abwehr von Infektionen, steuert den Energiestrom im Körper und ist zuständig für die Ausschüttung von Wohlfühlhormonen. Stress, Ängste, Befürchtungen etc. schwächen die Thymusdrüse. Sorgen Sie

dafür, dass Ihre Arbeitsenergie wieder fließen kann, indem Sie die Thymusdrüse aktivieren. Klopfen Sie dazu locker mit einer Faust im Kreis gegen den Uhrzeigersinn die Mitte Ihres Brustkorbs ca. zehn bis zwölf Mal. Wenn möglich begleiten Sie Ihre Klopfbewegungen mit einem Summen. Sie werden sich danach gestärkt und gelassener fühlen.

Drücken Sie den Notfallpunkt
Setzen oder stellen Sie sich locker hin, die Schultern bitte wieder gerade halten. Lassen Sie jetzt einige Male den Atem ein- und ausströmen und konzentrieren Sie sich darauf, länger auszuatmen als einzuatmen.

Suchen Sie nun den Notfallpunkt. Er befindet sich jeweils genau in der Mitte Ihrer Handflächen. Drücken Sie mit der rechten Hand erst behutsam und dann stärker auf diese Handregion in Ihrer linken Hand. Schmerzt es, wenn Sie darauf drücken, ist dies ein Zeichen für Anspannung. Wiederholen Sie den Druck auf den Notfallpunkt sowohl links als auch rechts mehrere Male, bis Sie sich spürbar ruhiger fühlen.

Nutzen Sie den Atem zum Loslassen
Konzentrieren Sie sich vor einer nahenden Stresssituation intensiv auf Ihren Atem. Dies ist die einfachste und direkteste Möglichkeit, mit sich selbst in Kontakt zu bleiben.

Legen Sie beide Hände auf den Unterbauch, knapp unterhalb des Nabels. Atmen Sie tief ein und lassen Sie den Atem in Ihrer Vorstellung langsam bis hinunter zu Ihren Händen fließen. Spüren Sie, wie die Hände sich durch Ihren Atem heben. Dann lassen Sie den Atem langsam wieder ausströmen und spüren Sie, wie die Hände auf Ihrem Bauch sich wieder senken. Atmen Sie auf diese Weise so lange ein und aus, bis Sie sich ruhiger fühlen. Spüren Sie, wie alles das, was Sie stört, bei jedem Ausatmen den Körper verlässt, und wie Sie bei jedem Einatmen Energie und Zuversicht tanken.

Bewegen Sie sich über Kreuz

Überkreuz-Übungen fördern das Zusammenwirken beider Hirnhälften, sind gut für die Konzentration und steigern das Leistungsvermögen. Stellen Sie sich in aufrechter Haltung hin, die Beine etwa schulterbreit auseinander, die Arme locker an den Seiten herabhängend. Heben Sie das rechte Knie und berühren Sie es mit Ihrem linken Ellbogen. Kehren Sie in die Ausgangsstellung zurück, heben Sie dann das linke Knie und berühren Sie es mit dem rechten Ellbogen. Wiederholen Sie diese Übung etwa zehn Mal in Ihrem eigenen Tempo.

Aktivieren Sie Beine und Füße mit «Ho»!

Stellen Sie sich aufrecht hin, die Beine etwa schulterbreit auseinander, die Arme neben dem Körper hängend. Nun springen Sie mit beiden Beinen hoch, ganz locker, die Füße brauchen sich nicht weit vom Boden zu lösen. Es soll eine mühelose, keine anstrengende Bewegung sein. Während Ihre Füße den Boden wieder berühren, lassen Sie einen Ton über Ihre Lippen kommen, ganz tief aus dem Bauch heraus: Rufen Sie «Ho!».

Wiederholen Sie dies etliche Male. Immer, wenn Ihre Füße wieder den Boden berühren, fühlen Sie sich ein Stück gelassener und gelöster und unterstützen dies mit dem «Ho!», das kraftvoll aus Ihnen herausströmt.

Diese kleinen Zwischendurch-Übungen sollten Sie zum Bestandteil Ihres Alltags machen – auch wenn Sie meinen, dass der Tiger Sie vielleicht gar nicht beißen will. Die Übungen nehmen nicht viel Zeit in Anspruch und sind an vielen Orten problemlos durchzuführen, sei es im Büro, im Hotel, in einem Waschraum oder auf einem Rastplatz. Der Vorteil: Sie bleiben gut mit sich selbst in Kontakt und verhindern, dass sich Spannungen in Ihrem Körper festsetzen. Warum erst handeln, wenn die Dinge richtig schlimm werden? Sie können schon im Vorfeld etwas dafür tun, es gar nicht erst so weit kommen zu lassen.

Der Vertrag mit sich selbst

Veränderungen initiieren

Ihr Tanz mit dem Säbelzahntiger soll Spaß machen und Ihre Lebensfreude stärken. Entscheiden Sie, was genau Sie verändern wollen und welche Ansatzpunkte Sie wählen: Vermindern von Stressoren in Ihrer Umgebung, Perspektivenwechsel, mehr Aktivität ins Leben bringen, Erholung und Entspannung mehr Gewicht geben. Behalten Sie dabei immer sowohl die kurzfristig in der Stressalarmphase wirksamen als auch die auf Dauer angelegten Erleichterungen im Auge. Wählen Sie zunächst nur ein oder zwei Punkte aus, die Sie künftig anders handhaben bzw. neu in Ihren Alltag integrieren möchten, planen Sie in kleinen Schritten Veränderungen und protokollieren Sie Ihre Erfahrungen. Setzen Sie die neuen Lösungen, die Sie für sich zur Stressbewältigung finden, in möglichst vielen Situationen ein, sodass Ihnen diese bald zur Gewohnheit werden. Akzeptieren Sie Fehlschläge, sie gehören zum Veränderungsprozess dazu. Dies ist vor allem für Perfektionisten etwas, was sie sich gar nicht oft genug immer wieder ins Gedächtnis rufen sollten. Wichtig ist es, am Ball zu bleiben und jeden kleinen Erfolg zu genießen, ihn als Beleg dafür zu sehen, dass sich tatsächlich etwas ändert – weil Sie es in die Hand genommen haben, es zu verändern.

Gute Vorsätze sind im Alltag oft schnell wieder vergessen. Wenn Sie dieses Buch aus der Hand legen und sich etwa Gedanken machen wie: «Ja, das ist alles schön und gut, und sobald ich etwas mehr Zeit habe, dann werde ich ...», dann haben Sie noch nichts bewegt. Und es ist fraglich, ob jemals wirklich Zeit ist, den Tanz mit Ihrem Säbelzahntiger zu beginnen, statt mit einer Mischung aus Fatalismus und Wunderglauben Ihren stressreichen Lebensstil wie gehabt weiter durchzuziehen – entweder in der Erwartung des drohenden Verhängnisses oder in der Hoffnung, dass alles irgendwie von selbst wieder ins Lot kommen möge. Vielleicht zwingt Sie aber dann eine gravierende Stressfolgeerkrankung dazu, innehalten zu müssen. Lassen Sie es nicht so weit kommen. Machen Sie einen konkreten Plan, um Ihren Stress in den Griff zu bekommen, und schließen Sie einen Vertrag mit sich selbst, in dem Sie sich verpflichten, diesen Plan auch einzuhalten. Der Vertrag sollte folgende Punkte beinhalten:

Mein Vertrag mit mir selbst

1. Vertrags-Zweck
Formulieren Sie möglichst konkret, welche Änderungen Sie in Ihren Denkgewohnheiten, Ihrem Verhalten etc. erreichen wollen.

2. Vorgehen
Welche Schritte führen zum Ziel? Listen Sie auf, in welchen Situationen Sie sich künftig anders verhalten wollen. Fangen Sie mit einfachen Aufgaben an.

3. Laufzeit
Verhaltensänderungen, wie etwa konsequente Prioritäten zu setzen oder regelmäßig Sport zu treiben, lassen sich nicht von heute auf morgen 1:1 umsetzen, sondern eher etappenweise einführen. Überschlagen Sie die Zeit, die Sie voraussichtlich brauchen werden, um Ihr Ziel zu erreichen. Nehmen Sie diesen Zeit-Raum mal zwei (ganz wichtig! Zeitraum keinesfalls zu eng bemessen!), fixieren Sie das Beginn-Datum und legen Sie den Schluss-Termin fest.

4. Sanktion
Überlegen Sie sich eine Strafe. Hinterlegen Sie Geld für eine Spende an eine Organisation, die Sie sonst nie im Leben unterstützen würden – oder was immer Ihnen als «echt schmerzliche» Sanktion einfällt.

5. Belohnung

Gönnen Sie sich etwas, wenn Sie Ihr Ziel erreicht haben. Stellen Sie sich etwas in Aussicht, was Ihnen einen echten Anreiz bietet, bei dem Sie, wenn Sie daran denken, deutlich Vorfreude fühlen.

Überlegungen zu einem langfristigen Plus an Lebensgenuss

Ganz grundsätzlich: Wofür setzen Sie Ihre Kraft ein?

Wir verfügen meist über große Kraftreserven, die wir nur selten voll ausschöpfen, aber eigentlich gut anzapfen könnten, um lohnende Ziele zu erreichen. Oft verwenden wir diese Reserven eher dazu, uns zu entmutigen als uns zu ermutigen. Sie können sich beispielsweise mit viel Kraftaufwand davon zu überzeugen versuchen, dies oder jenes nicht zu schaffen, zu begriffsstutzig, zu unwissend oder zu unfähig zu sein, um eine bestimmte Aufgabe zu lösen. Vielleicht sind Sie gerade dann voller Energie, wenn es darum geht, pessimistisch zu sein, etwas Negatives an sich selbst wahrzunehmen, oder auch, sich gegen etwas Neues zu wehren, das Ihnen vielleicht gut tun könnte. Wofür setzen Sie Ihre Kraft ein? Eher für die positiven oder eher für die negativen Dinge in Ihrem Leben?

Sich kurz- und mittelfristig selbst dabei zu unterstützen, Stress zu bewältigen, ist das eine, Kraftfressern auf die Spur zu kommen und grundsätzlich neue Wege zu gehen das andere. Möglicherweise gibt es, auch wenn Sie Ihre inneren Antreiber schon gut im Griff haben, immer noch unnötig viele Kraftfresser in Ihrem Leben. Sie nehmen zwar wahr, dass Sie dadurch Kraft verlieren, konnten sich jedoch noch nicht dazu aufraffen, bewusst gegenzusteuern. Solche Kraftfresser können zum Beispiel Kollegen sein, mit denen Sie immer wieder über die gleichen Themen in Streit geraten, ohne dass sich je etwas verändert. Auch Menschen, die alle ihre Probleme bei Ihnen abladen wollen, ohne Rücksicht darauf zu nehmen, wie Sie sich dabei fühlen, können gewaltig an Ihrer Kraft zerren. Wenn Ihr Alltag angefüllt ist mit vielen Pflichten und Zuständigkeiten und viele Menschen und Aufgaben von Ihnen Aufmerksamkeit und Zuwendung fordern, zapft das Ihre Energie ganz gewaltig an.

Überlegen Sie sich sorgfältiger als bisher, worin Sie Kraft investieren. Jede Entscheidung für etwas ist eine Entscheidung gegen etwas anderes. Frustrierende und aussichtslose Vorhaben kosten Sie viel Kraft, ohne dass Sie irgendeinen Nutzen daraus ziehen. Gute Kraft-Investitionen zeichnen sich dadurch aus, dass sie zwar Kraft kosten, Sie aber gleichzeitig auch viel Kraftgewinn daraus ziehen.

Kraftbilanz-Übung
Listen Sie alle Bereiche in Ihrem Leben auf, die Ihnen Kraft abfordern. Finden Sie die Lecks, durch die Sie emotionale Kraft verlieren. Notieren Sie aber nicht nur diese negativen Aspekte, sondern auch die Bereiche, die Ihnen lieb und wert sind, aber die Sie dennoch Kraft kosten, beispielsweise bestimmte Aspekte Ihrer Arbeit, die Erziehung der Kinder, ein ehrenamtliches Engagement in Ihrer Kirchengemeinde, in einem Verein oder einer sozialen, ökologischen oder kulturellen Einrichtung.

Listen Sie dann auf, woher Sie Ihre Kraft beziehen. Schreiben Sie diejenigen Aktivitäten auf, die Ihren Gefühlshaushalt mit neuer Energie versorgen. Das kann z. B. Ihr Familienleben sein, die Liebe zu Ihrem Lebenspartner, ein erfüllendes Hobby usw. Möglicherweise finden sich hier auch einige der Bereiche wieder, die Sie Kraft kosten. Manchmal erhalten wir gerade sehr viel Kraft aus den Situationen, die uns andererseits auch Kraft kosten.

Prüfen Sie nun, ob in etwa ein Gleichgewicht besteht zwischen der Kraft, die Sie aufwenden, und der Kraft, die Sie bekommen. Schöpfen Sie genug Kraft, um Ihre «Kraft-Ausgaben» gut bewältigen zu können? Prüfen Sie auch, ob der Kraftaufwand für Sie subjektiv stimmig erscheint oder ob Sie vielleicht für einige Bereiche weniger Kraft aufwenden möchten. Möglicherweise erkennen Sie auch, dass es Sinn macht, besonders kraftfressende Aspekte in Ihrem Leben zu verändern.

- Wo möchte ich dauerhaft weniger Kraft als bisher investieren?

- Welche neuen Möglichkeiten könnte ich nutzen, um meine Kraft zu stärken?

Leisten Sie sich, so oft es möglich ist, die Freiheit, das zu tun, was Sie gerne tun. Wie viel Kraft in Ihnen steckt, zeigt sich immer dann, wenn Sie etwas finden, das aus Ihrer Sicht den Einsatz lohnt – z. B. einen sinnerfüllteren Job, die Lösung der Beziehungskrise mit dem Lebenspartner. Wenn Ihnen etwas wertvoll erscheint oder am Herzen liegt, ist es Ihnen oft einen großen Aufwand wert. Dann gelingt es, ungeahnte Kräfte zu mobilisieren, und diese Art Stress fühlt sich völlig anders an als der Stress der Unzufriedenheit, der Verzettelung oder des atemlosen Hastens von einer Aktivität zur nächsten.

Vermehren Sie Flow-Erlebnisse

Strategien, akuten Stress in Ihrem Leben effektiv zu bewältigen, ist das eine, langfristig ein stressärmeres Leben anzustreben das andere. Zu den Strategien, die Sie im Kapitel «In der Orientierungsphase: Stressalarm vermeiden» (siehe S. 52) kennengelernt haben, um viele Stresssituationen gar nicht erst entstehen zu lassen, gesellen sich noch einige langfristige und ganz grundsätzliche Überlegungen. Steigern Sie Ihre Lebensqualität, indem Sie bewusst Ihre psychische Kraft auf solche Tätigkeiten lenken, die bei Ihnen «Flow», also den «guten» Stress erzeugen. Die Energie, die Sie aus Flow-Erlebnissen ziehen, entspringt Emotionen wie Freude, Neugier, Leidenschaft, Hoffnung, Begeisterung.

Ihr berufliches Engagement nimmt einen großen Teil Ihrer Lebenszeit in Anspruch. Auch wenn es in der heutigen Zeit keineswegs einfach ist: Suchen Sie sich für Ihre berufliche Tätigkeit längerfristig einen Arbeitsplatz, der Ihnen möglichst viel eigene Entscheidungsfreiheit ermöglicht und in dem Flow-Erlebnisse häufig stattfinden können. Der Stress der Verantwortung ist in der Regel längst nicht so quälend wie der Stress, weitgehend fremdgesteuert nach der Regie anderer leben und arbeiten zu müssen.

> **Selbstbestimmung und Gesundheit**
> Die Ergebnisse einer amerikanischen Studie, die den Zusammenhang zwischen Berufstätigkeit und Erkrankungen zum Gegenstand hatte, lassen aufhorchen. An dieser Untersuchung waren 5000 Familien über einen Zeitraum von mehr als 20 Jahren hinweg beteiligt worden. Diejenigen Personen, die eher in ausführenden, weisungsgebundenen Jobs arbeiteten, in denen sie wenig Entscheidungen zu treffen und wenig Kontrolle über ihre Arbeit hatten, starben wesentlich früher als diejenigen, die einen größeren Entscheidungsspielraum hatten: Ihr vorzeitiges Todes-Risiko lag um 42 Prozent höher als das der Beschäftigten mit mehr Autonomie in ihren Befugnissen; diese blieben deutlich länger gesund. Wer also vieles selbst entscheiden kann, seine Aufgaben zum größten Teil eigenverantwortlich festlegt und möglichst wenig Vorgesetzte in der Hierarchie über sich hat, wird auch größere Arbeitsbelastungen eher

meistern als jemand, der gezwungen ist, stark hierarchiegebunden nach den Maßgaben anderer zu arbeiten.

Auch wenn viele Erkenntnisse über die Entstehung von «Flow» anschaulich belegen, dass gerade auch die Arbeit positive Impulse für die Stimmung und das persönliche Glücksgefühl geben kann, wird dies von vielen Menschen bezweifelt. Sie glauben stattdessen, Zeit nur außerhalb des Arbeitsprozesses angenehm gestalten zu können, und fühlen sich, wenn sie arbeiten, meist nicht so glücklich wie in der Freizeit. Gerade in der produktiven Zeit stellt sich am häufigsten das Flow-Erleben ein. Kreative Menschen, Freischaffende und Unternehmer verstehen es oft besser, die Arbeit als einen wertvollen Bestandteil Ihres Lebens zu sehen. Sie gehen in ihrer Arbeit auf, und Flow während der Arbeitszeit ist für sie etwas völlig Gewohntes. Natürlich macht Arbeit allein nicht glücklich, sondern sie sollte in harmonische Familien- und Freundesbeziehungen eingebettet sein, doch auch Ihre Beziehungen profitieren davon, wenn Sie zu einer Arbeitsform finden, die Ihren Bedürfnissen, Werten und Fähigkeiten voll entspricht. Oft hilft es, das eigene Tun in einem größeren Rahmen zu betrachten, um sich darüber klar zu werden, wohin die Reise eigentlich gehen soll und ob Sie gemäß dem leben, was für Sie eigentlich am meisten zählt. «Schneller, höher, weiter» ist nicht die Antwort auf die Herausforderungen unserer Zeit. Vielmehr braucht es eine klare Orientierung, wohin die Reise geht. Und diese lässt sich nicht durch Geschwindigkeit erreichen. Daher ist es wichtig, von Zeit zu Zeit eine Lebensbilanz zu ziehen. Um die eigenen Potenziale und Fähigkeiten so einzusetzen, dass ein dauerhaftes Plus an Lebenszufriedenheit entsteht, braucht es Achtsamkeit und Zeit. Viele Menschen nehmen sich zwar die Zeit, eine Urlaubsreise detailliert zu planen, nehmen sich aber viel zu wenig Zeit zur Planung der eigenen Lebensreise. Hier kann eine kleine Übung Abhilfe schaffen und für die notwendige Inspiration sorgen:

Der (er-)klärende Brief

Schreiben Sie einen Brief an einen Menschen, der Ihnen nahe steht – an Ihren Partner, an eines Ihrer Kinder oder an einen guten Freund, eine gute Freundin. Ihre Intention sollte sein, diesem Menschen, der Ihnen viel bedeutet, anschaulich Ihre Lebensauffassung zu vermitteln.

Beantworten Sie beim Verfassen des Briefes folgende Fragen:
- Was sind für mich die wirklich wichtigen Fragen in meinem Leben?
- Was strebe ich an, worum geht es mir, was halte ich für wesentlich?
- Was sind meine wichtigsten Grundsätze und Werte?
- Was, denke ich, habe ich gut hingekriegt?
- Wofür bin ich dankbar?
- Wo habe ich Fehler gemacht und was habe ich daraus gelernt?
- Welche Gedanken und Erkenntnisse will ich an andere weitergeben?

Nehmen Sie sich Zeit für diesen Brief. Es ist nicht wichtig, ob Sie ihn innerhalb von zwei Wochen oder innerhalb eines halben Jahres verfassen. Es ist ein lang angelegtes Projekt – was gerade einem Schnellen Macher auch etwas an Geduld abverlangt. Lassen Sie sich also ruhig alle Zeit, die Sie brauchen, aber bleiben Sie am Ball. Schreiben Sie zunächst einzelne Gedanken und Stichwörter auf, formulieren Sie einen Entwurf und gestalten Sie diesen Entwurf in der Folgezeit immer weiter aus.

Seien Sie dabei zurückhaltend mit Selbstkritik (dies ist vor allem an die Perfektionisten gerichtet). Sprechen Sie sich vielmehr Mut zu und bestärken Sie sich immer wieder selbst in Ihrem Vorhaben. Ergänzen und präzisieren Sie Ihren Brief in den folgenden Tagen, vielleicht auch Wochen weiter. Formulieren Sie ihn Zug um Zug konkreter und anschaulicher. Drücken Sie noch treffender aus, worum es Ihnen wirklich geht und was Ihnen wichtig erscheint. Fügen Sie Beispiele ein, finden Sie Analogien und Metaphern. Für Harmoniebedürftige: Dies hat nichts damit zu tun, anderen gefallen zu wollen. Es ist ein Statement, das zeigen soll, wo Sie im Leben stehen und wo Sie hinwollen.

Anmerkung
Wenn Ihr Brief alles enthält, was Sie mitteilen möchten, dann können Sie sich entscheiden, ob Sie ihn tatsächlich an die Person schicken oder ob Sie ihn behalten wollen. In keinem Fall haben Sie ihn «umsonst» geschrieben, sondern damit mehr Klarheit über die grundsätzliche Ausrichtung, über Ihren Kurs im Leben gewonnen, was Sie langfristig sehr dabei unterstützen kann, wichtige Dinge von unwichtigen klar zu unterscheiden und die entsprechenden Entscheidungen zu treffen, künftig mehr Zeit für das Wesentliche zu haben.

Damit Sie sich klarer über Ihre Einstellung, Ihren Kurs im Leben werden, ist es hilfreich, immer mal wieder die Perspektive zu wechseln, sich beispielsweise auch einmal mental in die Zukunft zu versetzen. Stellen Sie sich vor, Sie seien 70, 80 oder 90 Jahre alt und würden auf Ihr Leben zurückschauen. Was würden Sie dann gerne wahrnehmen? Wie würden Sie sich gerne fühlen? Was hätten Sie gerne alles erlebt und getan? Wofür hätte es sich gelohnt, seine Kraft und Lebenszeit einzusetzen? Schreiben Sie all das auf, was Sie für die Zukunft als wichtig erachten, was es wert ist, einen Stellenwert in Ihrem Leben zu haben. Was tun Sie heute in Ihrem Leben, welche Schwerpunkte setzen Sie, um der Verwirklichung dieser Bedürfnisse näher zu kommen? Was können Sie loslassen und ad acta legen, was ist unnötig oder sogar kontraproduktiv?

Gestalten Sie die Gegenwart

Wer überwiegend in der Gegenwart zu Hause ist, lebt intensiver, arbeitet effektiver und nimmt die Dinge auch bewusster wahr. Alles, was real ist, findet in dem Augenblick statt, in dem wir gerade leben. Aber obgleich es doch ausschließlich die Gegenwart ist, in der wir überhaupt handeln können, halten wir uns in unserer Vorstellung oft lieber in der Vergangenheit oder in der Zukunft auf.

Natürlich ist es in Ordnung, hin und wieder zurückzuschauen und sich Gedanken über vergangene Ereignisse und Entwicklungen zu machen, sich an schöne und schlimme Erlebnisse, an Erfolge wie an Scheitern zu erinnern, doch wenn man allzu häufig Gedanken an die Vergangenheit nachhängt, dann nimmt man das aktuelle Geschehen einfach zu wenig wahr. Denken Sie also weniger über Dinge nach, die vorüber sind und an denen Sie im Nachhinein ohnehin nichts mehr verändern können – vor allem nicht über vergangenen Kummer, Enttäuschungen, Groll usw. Fragen Sie sich vielmehr, welche Lehren Sie aus dem, was geschehen ist, ziehen können und wie Ihnen dies bei der Bewältigung gegenwärtiger Aufgaben helfen kann.

Auch Ausflüge in die Zukunft, so wie wir vorhin einen unternommen haben, sind gut und sinnvoll, um sich über die innere Ausrichtung klar zu werden und herauszufinden, wo genau es hingehen soll. Wenn Sie sich jedoch überwiegend auf die Zukunft konzentrieren, leben Sie nicht wirklich in der Gegenwart. Menschen, die zu sehr in die Zukunft schauen, hegen entweder viele Befürchtungen und denken beispielsweise: «Was tu ich nur, wenn ... passiert?», oder sie verlagern innerlich das eigentliche Leben in die Zukunft: «Wenn ich erst einmal genug Geld habe, dann werde ich glücklich sein.» Oder: «Wenn ich erst mal in Rente bin, dann ...» Beide Varianten verhindern, das Leben in der Gegenwart zu genießen. Niemand weiß, was morgen sein wird, und wenn Sie versuchen, Ihr Leben «aufzusparen», könnte schon morgen etwas völlig Unvorhersehbares geschehen, das alle Vorstellungen und Pläne zunichte macht.

Nicht das Vergangene oder das Zukünftige, sondern die Gegenwart braucht also Ihre vorrangige Aufmerksamkeit. Erkennen Sie den Reiz, der darin steckt, im alltäglichen Leben Herausforderungen als etwas Spannendes zu betrachten und Ihre Aufgaben konzentriert zu meistern. Setzen Sie sich immer wieder Ziele, die spannend, herausfordernd, aber doch mit vertretbarem Auf-wand erreichbar sind und wo Sie im Hier und Jetzt etwas bewegen können.

Auf die Dosis kommt es an

Dosieren wir die angenehmen Dinge unseres Lebens richtig, so führen sie zu Genuss und Wohlbefinden. Dabei gilt jedoch nicht, dass mehr Konsum auch mehr Wohlgefühl hervorruft. Essen beispielsweise stärkt, beruhigt und gibt neue Energie. Essen wir jedoch zu viel auf einmal oder naschen unentwegt, schlägt das Wohlgefühl in ein drückendes Völlegefühl um. So ist es mit vielen anderen Dingen auch. Permanenter Genuss nimmt dem Genuss das Besondere und lässt die Sinne abstumpfen. Das ganze Jahr über Lebkuchen zu essen nimmt der Weihnachtszeit etwas von ihrem Nimbus. Sich jeden Wunsch sofort zu erfüllen macht eher überdrüssig als glücklich.

Wenn Sie Ihre Lebensqualität verbessern wollen, dann finden Sie heraus, welchen Einfluss einzelne alltägliche Beschäftigungen auf Ihr Wohlbefinden haben und welche Genüsse in welcher Menge und Intensität Sie beglücken und ab welcher Häufigkeit das Ganze kippt. Finden Sie heraus, wie viel wovon Ihnen gut tut und wo Ihre persönliche Schwelle zur Übersättigung liegt. Organisieren Sie Ihren Tag dann so, dass Sie die Häufigkeit der positiven Empfindungen entsprechend erhöhen und stoppen, bevor es sich ins «Zuviel» zu drehen beginnt.

Schaffen Sie sich echte «Frei-Zeiten»

«Freizeit» – klingt das nicht nach Freiheit, Freude, Erholung? Oft aber ist die Freizeit kaum mehr eine «Freu-Zeit», sondern sie ist eher zu einem weiteren Stressfaktor mutiert. Da gilt es dann, Termine in ähnlicher Dichte zu koordinieren wie im Arbeitsleben: Familienbesuche,

Kino, Theater, Disko, Reparaturen, Haushalt, Einkäufe, Geburtstagsfeiern, Wohnung renovieren ... Wo bleibt die Freiheit in der Freizeit? Wie kann die Freizeit wieder zur Freu-Zeit werden?

Weniger ist mehr. Freizeit – darin sollte vor allem auch viel zweckfreier Raum enthalten sein. Damit sind Zeiträume gemeint, die nicht schon lange im Voraus weitestgehend vorstrukturiert und bereits bis zur letzten Sekunde durchgeplant sind, sondern in denen wir völlig frei sind in dem, wie wir die Zeit gestalten wollen. In der Freizeit sollte es möglich sein, Entscheidungen auch spontan, aus Lust und Laune heraus zu treffen. Nichts tun zu müssen, aber alles tun zu können – das ist ein wesentliches Element von echter Lebensqualität.

Wenn wir die Freizeit ähnlich dicht mit To-dos ausfüllen wie den Arbeitsalltag, brauchen wir uns nicht zu wundern, wenn Erschöpfung chronisch wird und wir irgendwann nur noch dem Urlaub entgegenfiebern. Muss der Urlaub dann aber unbedingt auch wieder ein Erlebnis- oder Kultur-Urlaub sein, in dem wir möglichst viel sehen und «mitnehmen» wollen, dann sitzen wir in der gleichen Falle. Freie, unstrukturierte Zeit ist es, die besonders wertvoll für eigene Ideen, für die Fantasie und für das Ausruhen ist.

Sich erholen durch Humor

Ob Stress uns stark zu schaffen macht, hängt auch davon ab, wie humorvoll wir sind. Ausgiebiges Lachen ist körperlich gesehen ein wirksames Bollwerk gegen Stressalarm. Was wir komisch finden, kann uns nicht wirklich aufregen oder in Angst versetzen. Wer locker bleiben kann, an dem perlt nicht nur starke Belastung leichter ab, sondern der Körper erlebt Lachen als reine Wohltat. Nicht nur Lachforscher (Gelotologen) gehen davon aus, dass Stresshormone auch durch Lachen wirksam abgebaut werden können.

Selbst wenn wir schon gestresst sind, ist Lachen eine gute Medizin, denn es stärkt das Immunsystem, das Herz-Kreislauf-System und baut Verspannungen ab. Herzfrequenz und Blutdruck sinken, die Muskeln lockern sich nachhaltig. Jeder Lacher ist sozusagen eine Mini-Erholung. So sollte künftig eigentlich weniger von «Sich-Totlachen», als vielmehr vom «Sich-Gesundlachen» die Rede sein. Mittlerweile gibt es schon etliche psychologische Studien darüber, denen zufolge Lachen die Ausschüttung von Hormonen ankurbelt, die gesundheitsfördernd wirken. Dies sind u. a. Beta-Endorphine, die Depressionen entgegenwirken, und menschliche Wachstumsfaktoren (HGH), die das Immunsystem stärken. Im Blut von Freiwilligen, die ein lustiges Video schauten, stiegen die Werte dieser Hormone um fast 90 Prozent. Von Herzen lachen können wirkt also Wunder, gerade wenn man sich überfordert fühlt.

Zum Nachdenken: Was könnte Sie dabei unterstützen, häufiger etwas zum Lachen zu haben und ganz allgemein das Leben mit mehr Humor zu betrachten?

Achten Sie auf eine ausgewogene und gesunde Ernährung

Hippokrates erkannte bereits vor fast 2500 Jahren: Der Mensch ist, was er isst. Dieser Satz hat nichts an Aktualität verloren. Nach heutigem Wissensstand würde man vielleicht noch anfügen: Denken funktioniert besser mit weniger Fett und Zucker auf dem Teller.

Wer im Job leistungsfähig bleiben will, muss das Richtige auf die richtige Weise essen. Es geht also um das «Wie» und um das «Was». Wenn Sie beruflich stark beansprucht sind und gerade auch in Hochleistungsphasen leistungsfähig bleiben wollen, sollten Sie sich regelmäßige Pausen für Ihre Mahlzeiten einplanen und sich vitalstoffreich wie ein Ausdauersportler ernähren. Oft ist dies angesichts großer Aufgabenfülle und Zeitknappheit nicht ganz einfach hinzukriegen. Dennoch lohnt es sich, die eigenen Essgewohnheiten zu überdenken, nicht zuletzt angesichts der negativen Folgen, die vitalstoffarme, fett- und zuckerreiche Kost nach sich zieht (siehe S. 28 f.).

Gerade dann also, wenn Sie viel Stress zu bewältigen haben, tun Sie gut daran, sich gesund zu ernähren. Jeder Adrenalin- und Cortisolschub erhöht den Verbrauch an Vitalstoffen wie Vitaminen, Mineralien und Spurenelementen. Stressalarm greift in die körpereigenen Reserven ein, was dann wiederum die Auslöseschwelle für Stresssymptome senkt. Es leuchtet ein, dass eine vitalstoffreiche Ernährung wesentlich dazu beiträgt, hier gegenzusteuern und den Körper dabei zu unterstützen, seine Vitalstoffreserven wieder aufzufüllen.

Hektik, Stress, harte Zeiten – jetzt einfach bestimmte Lebensmittel essen, und schon ist alles im grünen Bereich? Gesunde Ernährung ist sicher kein Zaubermittel, jedoch ein wichtiger Baustein zur Stressbewältigung. Mit einer am erhöhten Vitalstoffbedarf orientierten Ernährung tun Sie Ihrem Körper wesentlich mehr Gutes als mit Hamburger, Döner, Cola, Schokoriegel & Co. Sich ausgewogen zu ernähren erhöht die Regenerationsfähigkeit und die Stressresistenz – umso mehr, wenn Sie dabei ein paar Grundsätze berücksichtigen:

Starten Sie mit einem nachhaltigen Frühstück
Um Heißhunger zu vermeiden, sollten Sie besonders auf ein ausgewogenes Frühstück achten. Vor allem Vollkornprodukte, kombiniert mit etwas Obst zum Start in den neuen Tag, halten für etliche Stunden satt.

Essen Sie regelmäßig
Planen Sie am Arbeitsplatz drei feste Mahlzeiten ein. Neben dem Mittagessen noch zwei leichte Snacks. Wenn Sie sich etwas liefern lassen, dann setzen Sie auf Sushi, Salate oder Asia Food. Noch besser: Gesundes von zu Hause mitbringen. Packen Sie morgens frisches Obst, Salat oder Joghurt für die leckere kleine Zwischenmahlzeit ein.

Lassen Sie keine Mahlzeit ausfallen
Wenn es im Job wieder mal hektisch zugeht, gerät man manchmal in Versuchung, zugunsten des Arbeitspensums das Essen hintanzustellen. Doch wer glaubt, dadurch Zeit zu sparen, schafft nicht unbedingt mehr, denn Gehirn und Körper brauchen konstant Energie, um voll leistungsfähig sein zu können. Wer Mahlzeiten ausfallen lässt, riskiert einen plötzlichen Energieabfall. Schnell lässt dann die Konzentration nach, und man braucht letztendlich mehr Zeit, um die anstehenden Aufgaben zu bewältigen. Daher sollten regelmäßige Mahlzeiten auch in arbeitsreichen Zeiten eingehalten werden.

Pausen sind Pausen
Wer das Essen vor dem Computer in sich hineinschlingt, tut seiner Gesundheit nichts Gutes und nimmt sich selbst eine wichtige Gelegenheit, um sich zu erholen und den Kopf wieder freizukriegen. Auch wenn der Terminkalender noch so voll ist: Streichen Sie niemals Ihre Mittagspause. Wenn Sie mittags am Arbeitsplatz essen, sollten Sie sich unbedingt die Zeit nehmen, in Ruhe Ihre Mahlzeit zu genießen. Vermeiden Sie es generell, «nebenbei» beim Arbeiten zu essen. Essen Sie auch nicht, während Sie unterwegs sind, weder im Gehen noch im Stehen, sondern reservieren Sie sich eine echte Essens-Pause. Nutzen Sie diese Zeit für einen kurzen Tapetenwechsel und genießen Sie das Essen in einem entspannten Ambiente, wo nicht ständig das Telefon klingelt. Nehmen Sie sich diese Zeit bewusst und kauen Sie jeden Bissen mit Genuss.

Trinken Sie genügend
Wasser gilt als wichtiger Stresslöser und «Gehirntreibstoff». Viele Menschen achten nicht darauf, ob sie genügend Flüssigkeit zu sich nehmen, und trinken nicht einmal die tägliche Mindestmenge von 1,5 bis 2,5 Liter, die für Denken und Konzentration erforderlich sind. Viel trinken ist sehr wichtig für die geistige Fitness, denn nur ausreichende

Flüssigkeitszufuhr stellt eine gute Versorgung des Gehirns mit Nährstoffen und Sauerstoff sicher. Größere Mengen Wasser zu trinken hebt das Energielevel, verbessert die Konzentration und die Lernfähigkeit. Wenn Sie mit dem Trinken warten, bis Sie Durst verspüren, ist es oft schon zu spät. Durst tritt erst auf, wenn der Körper schon ein Wasserdefizit hat, flankiert von einer Abnahme der Konzentrationsfähigkeit und Gedächtnisleistung. Deshalb: Stellen Sie am Arbeitsplatz stets etwas zu trinken sicht- und greifbar in Ihre Nähe. Das kann beispielsweise stilles Mineralwasser sein oder auch eine Saftschorle. So werden Sie automatisch daran erinnert, regelmäßig zu trinken.

Stress von innen bewältigen

Mit einer gesunden Ernährung können Sie viele Widerstandskräfte in Ihrem Körper aktivieren. Unsere Leistungsfähigkeit steigt oder sinkt mit dem, was wir essen und trinken. Ernähren Sie sich deswegen ausgewogen, meiden Sie gesättigte Fette und Zuckerbomben und greifen Sie stattdessen zu vitamin- und mineralstoffreichen Nahrungsmitteln. Ideal zu Mittag sind ausgewogene Mahlzeiten mit frischem Gemüse oder Salat. In vielen Kantinen stehen inzwischen auch Vollwert- und vegetarische Gerichte auf dem Speisezettel.

Auch wer am Mittag nicht in die Kantine oder ein Restaurant geht, sondern sich selbst versorgt, kann sich hier viel Gutes tun. Salate lassen sich besonders einfach vorbereiten. Damit sie frisch und knackig bleiben, sollte die Soße in einer separaten Box mitgenommen und erst unmittelbar vor dem Essen untergemischt werden. Mit Zutaten wie Schinken, Käse oder Thunfisch wird auch ein Salat zur sättigenden Mittagsmahlzeit. Wer nicht so viel Aufwand betreiben mag, der kann auch mit Vollkornbroten plus fettarmem Belag und frischem Obst gesund über den Tag kommen.

Eine gesunde Lebens- und Ernährungsweise hilft die schwächenden Auswirkungen von Stress auf den Organismus zu mildern. Für die

Versorgung mit Mineralstoffen, Vitaminen und Kohlenhydraten empfiehlt sich eine ausgewogene Kost aus Gemüse, Obst, Salaten, Vollgetreideprodukten, Hülsenfrüchten, Milchprodukten, Fisch und magerem Fleisch. Gute Versorgung mit Vitalstoffen als wichtige Schutzfaktoren für den Zellstoffwechsel kann den stressbedingten Mehrbedarf an bestimmten Stoffen ausgleichen. Vor allem Antioxidantien, B-Vitamine, Magnesium und Omega-3-Fettsäuren spielen für die Stressbewältigung eine wichtige Rolle.

Mein Speisezettel
Zum Nachdenken: Was können Sie dafür tun, ungesunde Ernährungsweisen seltener und gesunde Ernährung häufiger werden zu lassen?
_____
_____
_____

Begrenzen Sie Ihren Genussmittelkonsum
Verzichten Sie in stressreichen Zeiten möglichst auf Genussmittel. Mäßigen Sie den Alkohol- oder Nikotinkonsum, auch wenn sich diese noch so sehr als «Schnell-Lösungen» anzubieten scheinen. Gerade wenn es hoch zu- und hergeht, ist der Griff nach vermeintlicher schneller Entspannung verlockend – jedoch schaden wir uns damit aber noch mehr, weil wir unseren Körper zusätzlich belasten und nach einem kurzen Hype uns erst recht ausgelaugt und mies fühlen.

Widerstehen Sie häufiger der Versuchung, Alkohol zu trinken, genießen Sie lieber eine gute Tasse grünen Tee. Wissenschaftler des University College London fanden heraus, dass Teetrinker sich nach einem anstrengenden Ereignis leichter wieder beruhigen als Nicht-Teetrinker. Auch zwei Heilkräuter haben sich als gute Entstresser erwiesen: Baldrian und Johanniskraut. Baldrian ist das geläufigste pflanzliche Beruhigungsmittel und in jeder Apotheke oder Drogerie erhältlich. Es entspannt und macht auch tagsüber nicht müde. Dem Johanniskraut wird bei regelmäßiger Verwendung eine stimmungsaufhellende Wirkung nachgesagt.

> **Meine Tricks, seltener zu «Schnelllösungen» zu greifen**
> Zum Nachdenken: Was kann Sie dabei unterstützen, die «Schnelllösungen» häufiger links liegen zu lassen?
>
> _____
>
> _____
>
> _____

Schlafen Sie viel und gut

Wer einen wichtigen Termin vor sich hat, sollte ihn nicht nur gut vorbereitet, sondern vor allem auch ausgeschlafen angehen, um so konzentriert und aufmerksam wie möglich zu sein. Doch nicht nur dann ist guter Schlaf wichtig. Lange Zeit dachte man, Schlaf sei zwar zur körperlichen Regeneration wichtig, aber ansonsten eine relativ ereignisarme Phase, von den Träumen mal abgesehen. Dementsprechend wollten und wollen auch heute noch viele Menschen die Schlafphase zugunsten von mehr Aktivität verkürzen – doch dies hat viele Nachteile, eben nicht nur, was die rein körperliche Erholung angeht, sondern vor allem auch für das Gehirn. Wissenschaftler schreiben dem Schlaf mittlerweile eine ganze Reihe wichtiger biologischer Funktionen zu: Gedächtnisinhalte werden verknüpft und verankert, Stoffwechselprozesse regenerieren sich, das Immunsystem wird gefestigt, und das Gehirn nimmt wichtige Neustrukturierungen vor: Es verarbeitet und speichert tagsüber Erlebtes und Erlerntes, löscht unwichtige Informationen und schafft Voraussetzungen für das Aufnehmen neuer Eindrücke.

Wer häufiger am Nachtschlaf spart, vermindert damit sein Wohlbefinden und seine Konzentrationsfähigkeit und erhöht das Risiko von Fehlhandlungen. Kriegen Sie zu wenig Schlaf ab, schlägt dies auch auf die Stimmung nieder. Ungeduld und Gereiztheit nehmen zu. Unausgeschlafene Menschen tun sich auch schwerer damit, Entscheidungen zu treffen.

Ohne ausreichenden und regelmäßigen Schlaf sind alle anderen Stressbewältigungsmaßnahmen nur halb so effektiv. Sorgen Sie also für genügend Schlaf. In anstrengenden Zeiten kann es acht bis sogar zehn Stunden dauern, bis Sie sich richtig ausgeschlafen fühlen. Der natürliche Schlaf ist die Grundbedingung für Gesundheit, Leistungsfähigkeit und Wohlbefinden. Doch viele Menschen können auch nachts nicht abschalten und wälzen sich oft viele Stunden lang ruhelos im Bett. Wer aber völlig gerädert aufwacht, startet schon genervt in den Tag – Stress ist damit vorprogrammiert. Auch wenn Sie Schwierigkeiten haben, einzuschlafen oder durchzuschlafen: Verzichten Sie trotzdem auf Schlafmittel und auch auf größere Mengen Alkohol. Damit werden Sie das Problem nicht lösen. Ein Glas Rotwein am Abend kann entspannend wirken – doch schon das zweite stört die Erholung und bewirkt, dass Sie am Morgen mit schweren Gliedern und weniger erholt aufstehen. Fällt Ihnen das Einschlafen schwer, dann greifen Sie zu bewährten Hausmitteln:

- Keine Aufregungen in der Stunde vor dem Zu-Bett-Gehen. Lassen Sie den Tag ruhig ausklingen. Legen Sie auch Ihr Fitnessprogramm nicht gerade auf die Zeit kurz vor dem Schlafengehen. Hilfreich ist ein festes Zu-Bett-Geh-Ritual: eine Abfolge von Handlungen, der Sie quasi per Autopilot folgen und damit Ihrem Unbewussten signalisieren, dass jetzt die Ruhephase beginnt. Die klassische warme Milch mit Honig kann beispielsweise Bestandteil eines solchen Einschlafrituals sein oder auch ein wohltuendes warmes Fußbad. Stoppen Sie auch Grübel-Gedanken schon vor dem Schlafengehen. Perfektionisten halten sich oft wach, indem sie sich vorstellen, was sie alles hätten anders machen sollen; Schnelle Macher haben schon den nächsten Tag im Kopf und entwerfen Szenarien, wann und wie sie was am besten machen; und die Harmonieorientierten machen sich Gedanken darüber, ob sie irgendwo Unmut auf sich gezogen haben oder mit einem bestimmten Vorhaben diesen vielleicht auf sich ziehen werden. Greifen Sie für besonders hartnäckige Grübel-Gedanken zu einem kleinen Trick: Legen Sie Papier und Bleistift neben Ihr Bett und notieren Sie das, was sich Ihnen immer wieder aufdrängen will, als Stichpunkte darauf. So ist es festgehalten und kann nicht vergessen werden. Wenn der Gedanke wieder auftaucht, verweisen Sie ihn darauf, dass er bereits auf dem Zettel steht und dass seine Zeit erst morgen früh sein wird.

- Essen Sie einige Stunden vor dem Schlafengehen nur noch leichte Sachen, üppige und schwere Mahlzeiten beeinträchtigen den Schlaf oft gravierend. Es fällt uns dann schwerer, einzuschlafen, und auch das Durchschlafen und die Schlafqualität leiden durch ein quälendes Völlegefühl.
- Sorgen Sie für eine stimmige Schlafumgebung: Lüften Sie vor dem Schlafengehen noch einmal kurz, damit Sie während der Nacht sauerstoffreiche Luft zur Verfügung haben. Die Zimmertemperatur sollte bei etwa 18 Grad Celsius liegen. Schalten Sie nervende Geräusche, Gerüche, Licht etc., alles, was Sie stören könnte, nach Möglichkeit aus. Auch wenn Sie sich beispielsweise vermeintlich an den Straßenlärm gewöhnt haben, stört er doch Ihre Nachtruhe, auch ohne dass Sie es bewusst erleben. Ist das Zimmer zur Straße nicht zu vermeiden, dann kann ein Gehörschutz sinnvoll sein. Der Raum sollte abgedunkelt und die Matratze an Ihre persönlichen Bedürfnisse angepasst sein – der eine schläft gut auf einer härteren Unterlage, der andere braucht es etwas weicher. Die meisten Matratzen besitzen heute gute Liegeeigenschaften. Ob Federkern, Latex oder auch Schaumstoff – richten Sie sich einfach nach Ihren Vorlieben. Vermeiden Sie Bettkästen, unter das Bett geschobene

Koffer, Kisten oder auch direkt auf dem Boden liegende Matratzen – die Luft unter dem Bett muss zirkulieren können.
- Erzwingen Sie nichts. Widmen Sie gelegentlich auftretenden Schlafstörungen nicht zu viel Aufmerksamkeit, sonst verlieren Sie die unbefangene Einstellung zum Schlaf. Geben Sie sich dem Schlaf passiv hin, und wenn es trotzdem nicht klappt, dann machen Sie Entspannungsübungen, hören Sie Musik oder lesen Sie ein schönes Buch.

Mein Schlaf
Zum Nachdenken: Was kann Sie dabei unterstützen, abends besser abzuschalten und zur Ruhe zu kommen?

_____
_____
_____

Geborgenheit schafft Rückhalt

Oft wird Stress schon alleine durch das Wissen, dass jemand für Sie da ist, wenn Sie jemanden brauchen, rasch abgebaut. Eine erfüllte Paarbeziehung, in der ein aufmerksamer und wertschätzender Umgang auch noch nach Jahren ganz alltäglich ist und in der man sich geborgen fühlt, sowie gute Freunde, mit denen man durch dick und dünn gehen kann, sind gerade in Zeiten hoher Belastung besonders wichtig. Sie spenden Geborgenheit, helfen Abstand zu finden und Stress gut zu bewältigen. Dieser emotionale Rückhalt in einem sozialen Gefüge ist ein wichtiger Faktor in der Lebensqualität und stärkt auch die psychische wie physische Gesundheit. Soziale Beziehungen müssen jedoch auch gepflegt werden – und das kostet Zeit und Energie.

Nehmen Sie gute private Kontakte ernst und schenken Sie Ihrer Familie und Ihrem Freundeskreis genügend Aufmerksamkeit. Dies ist der Ort, wo Sie «daheim» sind und auch über das reden können, was Sie an einem Arbeitstag beschäftigt, gestört, geärgert hat, oder auch, was Sie befürchten und worum Sie sich sorgen. Allein die Möglichkeit, über eine Situation zu reden, ist ein ziemlich unterschätztes Mittel zum Abbau von Anspannung und Frustration. Bei Dauerstress können Freunde, Partner und Familienangehörige Beistand und auch Trostspender sein. Fragen Sie vorher an, ob Sie sich aussprechen können. Wenn Sie auf offene Ohren stoßen, reden Sie sich Ihren Ärger, Ihren Druck und Ihren Frust von der Seele und lassen Sie sich gegebenenfalls auch helfen und unterstützen. Eine Aussprache mit einem Freund, einer Freundin bewirkt oft wahre Wunder, tut gut und hilft, einen Teil der Spannungen abzutragen. Vor allem für Perfektionisten ist es wichtig, den Schritt zu tun, sich jemand anders anzuvertrauen, denn sie neigen gewöhnlicherweise dazu, alles mit sich selbst ausmachen zu wollen. Profitieren Sie von der Zuwendung, Wertschätzung und Anteilnahme anderer. Sie werden merken, wie dies festgefahrene Denkweisen und alte Muster lösen hilft.

> **Unterstützerliste**
> Liste der Menschen, an die ich mich wenden kann, wenn ich das Gefühl habe, nicht mehr weiterzukommen – gute Freunde, aber auch Personen, von denen ich professionelle Hilfe bekommen kann:
> _____
> _____
> _____

Gute Kontakte und Beziehungen sind natürlich keine Einbahnstraße, sondern fordern auch eigenes Engagement. Dazu gehört es, nicht nur mit sich selbst und den eigenen Problemen beschäftigt zu sein, sondern auch Interesse an dem zu zeigen, was den anderen beschäftigt, so dass auch er hinsichtlich seiner eigenen Sorgen fest jemand an seiner Seite weiß.

Prüfen Sie also die Qualität und Tragfähigkeit Ihrer Beziehungen. Geben und Nehmen sollten sich in etwa die Waage halten. Für Harmonieorientierte ist es wichtig, besonders sorgsam auf die eigenen Bedürfnisse zu schauen. Als Harmonieorientierter sind Sie allzu oft mit Menschen zusammen, die Sie beanspruchen, die von Ihnen Hilfe, Rat und Unterstützung brauchen. Wenn es sich dabei noch um überwiegend pessimistisch eingestellte Menschen handelt, die zwar ständig von ihren eigenen Sorgen, Problemen und Ängsten reden und seltsam unbeteiligt wirken und in Allgemeinplätzen reden, wenn Sie selbst einmal Hilfe brauchen, dann schöpfen Sie aus einer solchen Beziehung keine Kraft, sondern haben es mit einer weiteren Stressquelle zu tun. Überlegen Sie also genau, ob Sie überwiegend in fördernden oder in hemmenden Beziehungen leben, Beziehungen, die Sie Kraft kosten oder die Ihnen Kraft geben. Fällt diese Bilanz negativ aus, dann entscheiden Sie sich dafür, künftig die Kontakte zu verstärken, die Sie selbst als positiv erleben. Dabei brauchen Sie nun nicht alle hemmenden Beziehungen schlagartig zu beenden. Nehmen Sie einfach Ihre Aufmerksamkeit und Zuwendung zurück und konzentrieren Sie sich stattdessen auf die Beziehungen, die Ihnen Kraft geben und wo ein ausgewogenes Geben und Nehmen möglich ist. Entscheiden Sie gleichzeitig, in welche Beziehungen Sie ganz bewusst weiter Ihre Kraft investieren wollen, welche Menschen Sie – aus ganz individuellen Gründen – bewusst fördern und unterstützen wollen.

Wenn Sie in ein soziales Netzwerk des gegenseitigen Gebens und Nehmens eingebunden sind, verfügen Sie ganz allgemein über ein höheres Maß an Lebenszufriedenheit, als wenn Sie alles nur mit sich selbst ausmachen müssen. Planen Sie auch private Aktivitäten mit Freunden und Ihrer Familie – was nicht heißen soll, dass Sie nun auch Ihre Freizeit von A bis Z durchplanen sollten, denn das würde Ihren Stress nicht mindern, sondern eher vermehren. Wichtig sind einige feste Termine für Aktivitäten mit den Menschen, an denen Ihnen liegt, damit sie nicht in der Hektik des Alltags immer wieder ins Hintertreffen geraten. Während in früheren Zeiten Familien in erster Linie durch materielle Abgängigkeitsbeziehungen der einzelnen Familienmitglieder geprägt waren, ist die Bedeutung der Familie als emotionale Heimat in den letzten Jahrzehnten zusehends größer geworden. Harmonische Familienbeziehungen federn die Höhen und Tiefen des Alltags ab und sind ein wichtiger Kraftquell.

Genießen Sie die freie Zeit mit Ihrer Familie oder Ihren Freunden und nehmen Sie sich auch ganz bewusst Zeit dafür. Gute Freundschaften sind eine Quelle von Impulsen für die persönliche Weiterentwicklung. Im Zusammensein mit Freunden fühlt man sich freier und auch glücklicher, weil weder Langeweile noch Gefühle von Einsamkeit spürbar sind.

Meine Lieben
Zum Nachdenken: Was können Sie tun, um Ihr Familienleben/Ihr soziales Leben befriedigender zu gestalten?

_____
_____
_____

Pflegen Sie ein befriedigendes Hobby

Sorgen Sie für echte Freizeit und für Hobbys. Sie leben heute – und nicht erst, wenn Sie in Rente gehen. «Kramen» Sie eventuell auch in Erinnerungen, finden Sie heraus, was Ihnen helfen könnte, einen Ausgleich zu Ihrem Job zu bilden. Suchen Sie Tätigkeiten, bei denen Sie selbst aktiv sind, d.h. also nicht nur passiv zuschauen oder sich unterhalten lassen. Es geht auch nicht darum, etwas Besonderes zu finden, sondern um ganz allgemeine Tätigkeitsbereiche. Voraussetzung ist, dass es etwas ist, was Ihnen Spaß machen würde, denn alles, was Sie gern und mit Freude tun, baut Stress ab: malen, musizieren, tanzen, singen, spielen, künstlerische Arbeiten, kochen, spazieren gehen, wandern, handarbeiten, Denksport, fotografieren, Beschäftigung mit Tieren oder Pflanzen, lesen, nichts tun, etwas sammeln, Politik, Kultur, soziales Engagement usw.

Hobbys, die bildhaftes und räumliches Denken erfordern und gleichzeitig den Einsatz beider Hände abverlangen (z. B. töpfern, basteln, schreinern, buchbinden, Mosaike, Reliefs, Masken oder einen Garten gestalten usw.), eignen sich besonders gut zum Entspannen.

Tagebuch führen, Blogs oder Briefe schreiben kann Ihren Eindrücken und Gefühlen Ausdruck verleihen und dabei helfen, wichtige innere Veränderungsprozesse deutlicher zu reflektieren.

Lassen Sie sich Zeit dabei, um das Richtige zu finden; probieren Sie vielleicht auch Verschiedenes einfach aus. Wichtig ist, dass Sie sich überhaupt auf die Suche machen. Tätigkeiten, bei denen wir «ganz dabei» sind, Spaß und positive Gefühle entwickeln, sind wichtige Größen in unserem Gefühlshaushalt, die uns widerstandsfähiger gegen Stress und in jeder Hinsicht leistungsfähiger machen.

Meine Hobbys
Zum Nachdenken: Worin können Sie einen befriedigenden Ausgleich zu Ihrer Arbeit finden? Was wollen Sie Neues ausprobieren?

_____

_____

_____

Das Stressfrei-Kino

Wenn Sie nun schon einige Erfahrungen mit Entspannungsmethoden wie dem Autogenen Training oder mit Fantasiereisen gemacht haben, wird Ihnen die nachfolgende Übung leichtfallen. Dabei geht es darum, ein Stress-Erlebnis neu zu interpretieren und damit zu entschärfen, sodass ein ähnliches Erlebnis in der Zukunft weniger Schaden anrichten kann. Ein anstrengendes stressreiches Erlebnis lässt sich ruhiger und gefasster betrachten, wenn es gelingt, innerlich Abstand zu gewinnen und das Geschehen sozusagen «von außen» zu betrachten.

- Denken Sie an typische Alltagssituationen und wählen Sie ein Stresserlebnis aus, das Sie als Film sehen wollen.
- Machen Sie es sich in einem Sessel bequem und schließen Sie die Augen. Stellen Sie sich vor, in ein Kino zu gehen, in Ihr persönliches Stressfrei-Kino.
- Sie suchen sich nun im Geiste einen bequemen Platz, räkeln sich in Ihrem imaginären Kinosessel und sehen die Leinwand vor sich. Hier wird jetzt gleich der Film Ihres Stresserlebnisses gezeigt.
- Sie sehen sich nun als Schauspieler/in in diesem Film, sehen sich als jemand, der ein Problem zu haben scheint und bemüht ist, dieses zu lösen. Sie sehen sich und andere Beteiligte auf der Leinwand miteinander genau so agieren, wie Sie es auch in der Wirklichkeit erlebt haben.
- Nun verlassen Sie die Rolle des Zuschauers und nehmen die Szene aus der Perspektive des Filmvorführers wahr. Sie betrachten sich selbst, wie Sie als Zuschauer im Parkett sitzen und sehen sich gleichzeitig als Schauspieler in dem Film, wie Sie sich bemühen, ein Problem zu lösen.
- Ihre Aufgabe als Filmvorführer besteht darin, zu kontrollieren, dass der Film richtig abläuft, dass die Lautstärke in Ordnung ist, der Vorhang zur richtigen Zeit sich öffnet und schließt. Wenn Sie aus der Rolle des Filmvorführers heraus Ihren Stressfilm betrachten, werden Sie sich wesentlich distanzierter fühlen als bei der Vorstellung, mitten im Geschehen drin zu sein.
- Als Filmvorführer können Sie sich nun ein paar Freiheiten heraus-

nehmen – schließlich ist es Ihr eigenes inneres Kino, und da haben Sie das Sagen!

- Sehen Sie sich in dieser Rolle des Filmvorführers zunächst Ihren Film eines vergangenen Stresserlebnisses an, so wie das Erlebnis gewesen ist.
- Wenn dies vor Ihrem inneren Auge abgelaufen ist, lassen Sie den Stressfilm mit dreifacher Geschwindigkeit rückwärts laufen.
- Wiederholen Sie das Abspielen des Films mit Rückwärtsspulen in dreifacher Geschwindigkeit mehrfach hintereinander, bis Sie den Stressfilm mit neutralen Gefühlen betrachten können.
- Als Nächstes ändern Sie den Film. Geben Sie sich als dem Hauptdarsteller des Films genau die Fähigkeiten, von denen Sie wissen, dass Sie sie haben und Sie damals gebraucht hätten, aber infolge der Stressreaktion nicht einsetzen konnten.
- Verlegen Sie nun im Geiste den Film von der Vergangenheit in die Zukunft und betrachten Sie sich selbst auf der Leinwand, wo, wann und wie Sie diese notwendigen Fähigkeiten in sich stärken werden.
- Zum Abschluss sehen Sie eine zukünftige Filmszene mit ähnlichem Stresspotenzial wie die vergangene, in der Sie alle Ihre gestärkten Fähigkeiten einsetzen und zu einer guten Lösung kommen.
- Sehen Sie Ihr Publikums-Ich Beifall klatschen.
- Dann werden Sie wieder Sie selbst und verabschieden sich vom Kino. Recken und strecken Sie sich, atmen Sie tief ein und aus, stehen Sie auf und gehen Sie ein paar Schritte, sodass Sie wieder ganz im Jetzt sind.
- Diesen Zukunftsfilm spielen Sie innerlich so oft wie möglich ab, sodass Sie ihn gut verinnerlichen können und Sie sich in der nächsten Stresssituation ganz natürlich so verhalten, wie es Ihren nunmehr gestärkten Fähigkeiten entspricht.

Das «Stressfrei-Kino» gehört zu den Techniken der Prozessimagination, die auch oft zur mentalen Vorbereitung im Sport eingesetzt wird, um die motorischen Fähigkeiten der Sportler zu steigern. Genauso gut lassen sich mit dem spielerischen und doch gezielten Einsatz Ihres Vorstellungsvermögens auch andere Fähigkeiten wie beispielsweise souveränes Auftreten oder Gelassenheit im Alltag stärken. Während Sie gedanklich einen Prozess wie die Filmbetrachtung im «Stressfrei-Kino» durchlaufen, werden Sie auch sensibel für Widerstände und können Hürden auf dem Weg vorab erkennen und mittels des mentalen Handelns auf Probe Ideen entwickeln, wie diese am besten zu nehmen sind. Der in der Vorstellung erlebte Erfolg – inklusive des gespendeten Beifalls – motiviert zur Umsetzung Ihrer Vorstellung in der Praxis.

Sie können das «Stressfrei-Kino» für ganz unterschiedliche Verhaltensänderungen einsetzen. Sei es, dass Sie künftig pünktlich mit der Arbeit Schluss machen wollen und Ihren Arbeitstag so umstrukturieren, dass es möglich wird, regelmäßig um 18 Uhr Ihr Büro zu verlassen – und, nachdem Sie in Ihrem «Stressfrei-Kino» entsprechend geübt haben, dies dann auch im realen Leben (wesentlich leichter) in die Tat umsetzen, oder sei es, dass Sie lernen wollen, sich gegen das Aufbürden zusätzlicher Arbeit mit freundlicher Ablehnung zu wehren, Ihre Essgewohnheiten zu ändern, Sport in den Alltag zu integrieren usw. – all dies klappt besser, wenn Sie es vorher als Film mit sich selbst als Hauptdarsteller, ausgerüstet mit den erforderlichen Fähigkeiten, vor dem geistigen Auge so plastisch wie möglich erleben. Stellen Sie sich deutlich vor, wie Sie Ihr Vorhaben umsetzen, wie Sie beispielsweise Anliegen oder Vorschläge sicher vortragen oder wie Sie sich mit Einwänden anderer freundlich und bestimmt auseinandersetzen.

Resümee und Ausblick

Der «Tanz mit dem Säbelzahntiger» präsentiert unterschiedliche und vielfältige Wege, die Ihnen zum einen dabei helfen, Stress im Vorfeld abzubiegen, und zum anderen, eine Stressreaktion gut zu bewältigen. Sicher haben Sie aus der Vielfalt der Möglichkeiten schon jene ausgewählt, die für Sie gut handhabbar sind. Je nachdem, ob Sie sich eher dem Schnellen Macher, dem Perfektionisten oder dem Harmonieorientierten zuordnen, haben Sie damit gezielte Strategien zur Auswahl, die Ihnen dabei helfen, Ihre speziellen Stressoren besser in den Griff zu bekommen. Allen Strategien ist eines gemeinsam: Das Heil liegt im Tun! Sie haben in jeder Phase einer Stressreaktion die Möglichkeit zum Handeln, dies ist ganz wichtig zu wissen. Sie müssen Stress nicht passiv erdulden, sondern Sie können und sollen etwas tun, indem Sie die in der jeweiligen Situation für Sie optimalste Möglichkeit auswählen und sie umsetzen.

Je besser es Ihnen gelingt, vor allem Ihre typspezifischen Überzeugungen und Antreiber zu entschärfen und Lösungen für bisher immer wiederkehrende stresserzeugende Probleme zu finden, desto geringer wird die Zahl der Stressreaktionen sein, denen Sie künftig ausgesetzt sind. Viele säbelzahntigerlose Situationen also, wo bisher die Kampf- oder-Flucht-Reaktion dominiert hatte.

Doch auch wenn es Ihnen immer besser gelingt, Alltagsstressoren zu eliminieren oder abzuschwächen, werden noch Stresssituationen übrig bleiben, denen aus verschiedensten Gründen schlecht beizukommen ist. Der Säbelzahntiger bleibt also auf der Lauer, und so gilt es immer wieder von Neuem, mit ihm zu tanzen, statt sich auffressen zu lassen.

Sie werden sehen: Es lohnt sich, Stress nicht einfach hinzunehmen, sondern gezielt mit ihm umgehen zu lernen. Ein großes Plus an Lebensqualität ist die Belohnung dafür, dass Sie umsteuern, statt einfach weiterzumachen wie bisher. Mehr Energie und Gesundheit, ein angenehmeres Körpergefühl, ein Zuwachs an Gelassenheit, erfreulichere soziale Kontakte und nicht zuletzt mehr Selbstvertrauen und Lebenszufriedenheit sind es wert, die erforderlichen Änderungen im Lebensstil anzupacken, oder?

Zum Weiterlesen und Vertiefen

Ernest L. Rossi : «20 Minuten Pause», Junfermann Verlag, 2007.

Thomas Prünte: «Der Anti-Stress-Vertrag», Ueberreuther Verlag, 2003.

Gert Kaluza: «Gelassen und sicher im Stress», Springer Verlag, 2007.

Robert Sonntag: «Blitzschnell entspannt», Trias Verlag, 2005.

Wolfgang Wendlandt von Beltz: «Entspannung im Alltag. Ein Trainingsbuch», Beltz Verlag, 2005.

Marco von Münchhausen: «Auszeit – inspirierende Geschichten für Vielbeschäftigte», Campus Verlag, 2007.

David Servan-Schreiber: «Die neue Medizin der Emotionen», Goldmann Taschenbuch, 2006.

Paul Wilson: «Wege zur Ruhe. 100 Tricks und Techniken zur schnellen Entspannung», Rowohlt Verlag, 1996.

Fritz Zintl, Andrea Eisenhut: «Ausdauertraining: Grundlagen, Methoden, Trainingssteuerung», Blv Buchverlag, 2004.